Kauderwelsch
Band 35

Impressum

Bob Ordish
Polnisch — Wort für Wort
erschienen im
REISE KNOW-HOW Verlag Peter Rump GmbH
Osnabrücker Str. 79, D-33649 Bielefeld
info@reise-know-how.de

9. Auflage 2006

Bearbeitung Peter Rump
Layout Claudia Schmidt
Layout-Konzept Günter Pawlak, FaktorZwo! Bielefeld
Umschlag Peter Rump (Foto: Peter Höh)
Kartographie Iain Macneish
Fotos Gunda Urban
Druck und Bindung Fuldaer Verlagsanstalt GmbH & Co. KG, Fulda

ISBN 3-89416-527-8
Printed in Germany

Kauderwelsch

Bob Ordish

Polnisch

Wort für Wort

Kauderwelsch-Sprechführer sind anders!

Warum? Weil sie Sie in die Lage versetzen, wirklich zu sprechen und die Leute zu verstehen.

Wie wird das gemacht? Abgesehen von dem, was jedes Sprachbuch bietet, nämlich Vokabeln, Beispielsätze etc., zeichnen sich die Bände der Kauderwelsch-Reihe durch folgende Besonderheiten aus:

Die **Grammatik** wird in einfacher Sprache so weit erklärt, dass es möglich wird, ohne viel Paukerei mit dem Sprechen zu beginnen, wenn auch nicht gerade druckreif.

Alle Beispielsätze werden doppelt ins Deutsche übertragen: zum einen **Wort-für-Wort**, zum anderen in „ordentliches" Hochdeutsch. So wird das fremde Sprachsystem sehr gut durchschaubar. Denn in einer fremden Sprache unterscheiden sich z. B. Satzbau und Ausdrucksweise recht stark vom Deutschen. Ohne diese Übersetzungsart ist es so gut wie unmöglich, schnell einzelne Wörter in einem Satz auszutauschen.

Die **Autorinnen** und **Autoren** der Reihe sind Globetrotter, die die Sprache im Land selbst gelernt haben. Sie wissen daher genau, wie und was die Leute auf der Straße sprechen. Deren Ausdrucksweise ist nämlich häufig viel einfacher und direkter als z. B. die Sprache der Literatur oder des Fernsehens.

Besonders wichtig sind im Reiseland **Körpersprache, Gesten, Zeichen** und **Verhaltensregeln**, ohne die auch Sprachkundige kaum mit Menschen in guten Kontakt kommen. In allen Bänden der Kauderwelsch-Reihe wird darum besonders auf diese Art der nonverbalen Kommunikation eingegangen.

Kauderwelsch-Sprechführer sind keine Lehrbücher, aber viel mehr als Sprachführer! Wenn Sie ein wenig Zeit investieren und einige Vokabeln lernen, werden Sie mit ihrer Hilfe in kürzester Zeit schon Informationen bekommen und Erfahrungen machen, die „taubstummen" Reisenden verborgen bleiben.

Inhalt

Inhalt

Konversation

Anhang

TAXI

Vorwort

Natürlich sprechen viele Polen Deutsch, wahrscheinlich besser als Sie selber Polnisch sprechen werden. Aber dieses sollte Sie nicht davon abhalten, es trotzdem zu versuchen, und dadurch ganz andere andere Möglichkeiten zu haben, um Land und Leute kennen zu lernen.

Es spielt keine Rolle, dass Sie grammatische Fehler machen werden. Lassen Sie sich dadurch nicht irritieren, denn hier ist der Hang zum Perfektionismus fehl am Platz. Ihr Versuch, sich ein bisschen in der Landessprache zu verständigen, wird sich lohnen. Die Menschen reagieren darauf sehr positiv. Das, was Sie unterwegs erfahren, können Sie viel besser nachvollziehen. Wenn zwischen Reisenden und Touristen unterschieden wird, kann gleich bei den Sprachkenntnissen begonnen werden.

Schließlich können Sie den Menschen kein größeres Zeichen der Achtung entgegenbringen, als deren Sprache zu lernen.

Viel Spaß beim Üben und Sprechen im Land!

Hinweise zur Benutzung

Der Kauderwelsch-Sprechführer besteht aus drei Teilen: aus Grammatik, Redesituationen und einer Wörterliste.

Grammatik Die Grammatik beschränkt sich auf das Wesentliche und ist so einfach gehalten wie möglich. Deshalb sind auch nicht alle Ausnahmen und Unregelmäßigkeiten der Sprache erklärt. Sie können natürlich auch sofort mit dem Konversationsteil beginnen und die Grammatik zum Nachschlagen verwenden.

Konversation In diesem Teil finden Sie Sätze aus dem Alltagsgespräch, die Ihnen einen ersten Eindruck davon vermitteln sollen, wie die polnische Sprache „funktioniert" und die Sie auf das vorbereiten sollen, was Sie später im Land hören werden. Hier geht es in erster Linie um die praktische Anwendung der Sprache in konkreten Situationen. Hintergrundinformationen über Verhältnisse in Polen sind auch darin enthalten. Benutzen Sie die Beispielsätze auch als Fundus von Satzschablonen und -mustern, die Sie selbst Ihren Bedürfnissen anpassen.

Lautschrift Damit Sie die Sätze sofort aussprechen können, ist unter dem polnischen Satz eine einfach ablesbare Lautschrift ergänzt, für die man keine Zusatzkenntnisse braucht.

Wort-für-Wort-Übersetzung Die Wortfolge des Polnischen können Sie anhand der Wort-für-Wort-Übersetzung nachvollziehen. Jedem polnischen Wort entspricht ein Wort in der Wort-für-Wort-Übersetzung. Wird ein polnisches Wort im Deutschen durch zwei Wörter übersetzt, sind diese durch einen Bindestrich verbunden.

Proszę bardzo.	**Dziękuję.**
proschä bardso	dsjänkujä
bitte-ich sehr	*danke-ich*
Bitte sehr.	Danke.

Erklärende Zusatzangaben, z. B. zur Beugung eines Wortes stehen direkt nach einem Wort in Klammern.

Czytam książkę mojego brata.
tschętam kchjonshkä mojägo brata
lese Buch(Akk) meines Bruders
Ich lese das Buch von meinem Bruder.

Nic nie było.
njitz njä bęuo
nichts nicht war
Es ist nichts passiert.

Wörter, die man in einem Satz untereinander austauschen kann, werden durch Schrägstrich getrennt. Wörter, die im polnischen Beispielsatz in Klammern stehen, können entfallen.

(on/ona/ono) ma
(onn/onna/onno) ma
er/sie/es hat

Mit Hilfe der Wort-für-Wort-Übersetzung können Sie die Beispielsätze leicht Ihren eigenen Bedürfnissen anpassen, auch wenn das Ergebnis nicht immer perfekt ist.

Wörterlisten

Die Wörterlisten am Ende des Buches helfen Ihnen dabei. Sie enthalten einen Grundwortschatz „Deutsch - Polnisch" und „Polnisch - Deutsch", mit dem man schon eine Menge anfangen kann. Er ist nicht dazu da, Ihr Taschenwörterbuch zu ersetzen, sondern vielmehr, um Ihnen einen Überblick über häufig vorkommende Vokabeln zu verschaffen.

Umschlagklappe

Die Umschlagklappe hilft, die wichtigsten Sätze und Formulierungen stets parat zu haben. Hier finden sich schnell die wichtigsten Angaben zur Aussprache und eine kleine Liste der wichtigsten Fragewörter, Richtungs- und Zeitangaben. Aufgeklappt ist der Umschlag eine wesentliche Erleichterung, da nun die gewünschte Satzkonstruktion mit dem entsprechenden Vokabular aus den einzelnen Kapiteln kombiniert werden kann. Wenn alles nicht mehr weiterhilft, dann ist vielleicht das Kapitel „Nichts verstanden? - Weiterlernen!" der richtige Tipp. Es befindet sich ebenfalls im Umschlag, stets bereit, mit der richtigen Formulierung für z. B. „Ich habe leider nicht verstanden." oder „Wie bitte?" auszuhelfen.

Seitenzahlen

Um Ihnen den Umgang mit den Zahlen zu erleichtern, wird auf jeder Seite die Seitenzahl auch auf Polnisch angegeben!

Polnisch – unaussprechbar?

Vielen geht es mit der polnischen Sprache zunächst wie Heinrich Heine: Der Bedienstete der Familie Schnabelewopski in der gleichnamigen Novelle wird als „Prrschtzztwitsch" vorgestellt!

Fast genauso schlimm sehen für Nichteingeweihte echte polnische Wörter aus. Etwa cześć, was nichts anderes bedeutet als „Hallo" oder auch „Tschüss". Besonders die langen Mitlautgruppen, die die polnische Sprache charakterisieren, wirken recht furchteinflößend:

prz	in	**przeciwko** (gegen)
trz	in	**trzeba** (man muss, es ist nötig)
chrz	in	**chrząszcz** (Käfer)
szcz	in	**szczur** (Ratte)

Geht man der Sache etwas tiefer auf den Grund, entdeckt man, dass die beiden indoeuropäischen Sprachen Deutsch und Polnisch sehr viel gemein haben. Dabei handelt es sich hier nicht nur um den Wortschatz (Wörter wie hotel, bank, student, telefon, aber auch dach, kartofel), sondern vor allem auch um den grammatikalischen Aufbau.

Erstens werden Vokabeln durch eine Reihe von Vorsilben (Präfixen) gebildet, wie man es auch vom Deutschen kennt. Zweitens besitzen beide Sprachen ein komplexes System von

Karte von Polen

Fällen und Beugung, das sie letztendlich dem Lateinischen verdanken.

Die Probleme werden dadurch nicht geringer, dass beide Sprachen vom Aufbau her ähnlich sind. Aber Polnisch ist noch (!) komplizierter als die „deutsche Sprache, schwere Sprache“. Polnisch ist immer noch sehr konservativ, d. h. es hat alte Formen im Wesentlichen beibehalten.

Sogar Ortsbezeichnungen und Zahlen werden gebeugt (wie teilweise im Mittelhochdeutschen vor 600 Jahren!) und bei Verben in der Vergangenheitsform wird nach Geschlecht differenziert.

Unter allen modernen slawischen Sprachen gehört Polnisch mit dem Tschechischen, Slowakischen, Ober- und Niedersorbischen zu den westslawischen Sprachen.

Wieso das alles? Ist es zum Erlernen der Sprache überhaupt wichtig?

Wie allgemein bekannt, liegt Polen zwischen Deutschland und Russland geographisch extrem ungünstig. Dreimal ist das Land geteilt worden, so dass es als eigenständiger Staat nicht mehr auf der politischen Landkarte existierte. Die polnische Sprache wurde durch die jeweiligen Großmächte (Preußen, Russland, Österreich-Ungarn) weitgehend unterdrückt. Aber die Polen schafften es, ihre Sprache am Leben zu halten. Sie wurde zeitweise praktisch als „Fremdsprache“ gelehrt, was dazu beitrug, dass sich die hoch gebeugte Standardform auf Kosten der Dialekte weitgehend durchsetzen konnte. Für den nationalen Identitätssinn war auch die Religion von entscheidender Bedeutung. Mit dem Katholizismus hing das römische Alphabet zusammen, im Gegensatz zur russischen griechisch-orthodoxen Entwicklung, obwohl dieses Alphabet nur mit Ach und Krach der polnischen Sprache angepasst werden konnte – es gibt zahlreiche zusätzliche Buchstaben.

Die Sprache spiegelt also in sehr starkem Maße die stürmische Geschichte des Landes wider. Die Hintergründe sind schon von Interesse, aber es mutet Ihnen keiner zu, intensiv in die verzwickte Grammatik einzusteigen und perfekte Sätze herunterleiern zu können. Wir wollen den Akzent auf das Sprechen legen, womit Sie möglichst bald anfangen sollten.

Aussprache & Betonung

Das polnische Alphabet weist gegenüber dem deutschen einige Besonderheiten auf.

ą, ć, ę, ł, ń, ó, ś, ś, ż	gibt es nicht im deutschen Alphabet
ä, ö, ü	kommen im Polnischen nicht vor
q, x	kommen nur in Fremdwörtern vor

Betonung

Die Betonung liegt grundsätzlich auf der vorletzten Silbe. Ausnahmen betreffen nur Fremdwörter (zum Beispiel: Ameryka, muzyka).

miasto	mijaßto	Stadt

Aussprache

In der folgenden Tabelle sind den polnischen Buchstaben die Lautschriftzeichen gegenübergestellt.

ą	o, on	nasaliert, wie frz. „**on**“ **piątek** pjontäk (Freitag)
c, ci	tz, tzj	stimmloses „tz“ wie in „He**tz**e“ **ciepło** tzjiäpuo (warm)
ć	dch	weiches „dch“ wie in „Mä**dch**en“ **mieć** mjädch (haben)
cz	tsch	wie „tsch“ in „**Tsch**üss“ **poczta** potschta (Post)

Grundsätzlich gilt: Ein nachfolgendes i *macht einen Mitlaut „weicher“, ein Akzent (*ć, ź, ś, ń *außer* ó*) macht den betreffenden Mitlaut ebenfalls „weicher“.*

h, ch	h	raues „ch“ wie in „Da**ch**“ **dach** dah (Dach) **herbata** härbata (Tee)
ks	kch, x	„k“ plus weichem „ch“ wie in „Hä**kch**en“; im Wortinnern wie „x“ in „Ta**x**i“
e	ä	offenes „e“ wie in „**E**cke“ **nie** njä (*nicht*)
ę	ä	nasales „e“, wie „un“ in frz. „Verd**un**“ **proszę** proschä (bitte, ich bitte)
y	ę	zw. Auslaut-e in „End**e**“ und „i“ in „d**i**ck“ **my** mę (wir)
ł	u	Halblaut zw. „u“ und „w“, wie „u“ in „a**u**a“ **zły** suę (schlecht)
ń	nj	klingt wie „nj“ in „Ta**nj**a“ **Gdańsk** gdanjßk (Danzig) **dzień** dsjänj (Tag)
ni	nji	wird lang wie „ie“ in „n**ie**“ gesprochen **dni** dnji (Tage)
o	o	offenes „o“ wie in „K**o**mma“ **można** moshna (man darf)
ó	u	kurzes „u“ wie in „B**u**tt“ **Bóg** bug (Gott)
r	r, rr	grundsätzlich gerolltes Zungen-**r** **peron** päronn (Bahnsteig) **tor** torr (Gleis)
s	ß	stimmloses „ß“ wie in „Ma**ß**“ **samochód** ßamohud (Auto)

ś, si	ch, chj	weiches „ch“ wie in „lieb**ch**“ **dziś** dsjich (heute) **siostra** chjoßtra (Schwester)
sz	sch	stimmloses „sch“ wie in „**Sch**ule“ **lepszy** läpschę (besser)
z	s	stimmhaftes „s“ wie in „Mu**s**eum“ **muzeum** musäum (Museum)
ź	sh	zw. stimmhaftem „sh“ und „ch“, fast wie „j“ in „**J**ournal“ (Mundwinkel zur Seite ziehen) **późno** pushno (spät)
ż, rz	sh	stimmhaftes „sch“ etwa wie frz. „g“ in „**g**endarme“ **żona** shonna (Ehefrau) **rzeka** shäka (Fluss)
dz	ds	stimmhaftes „ds“ wie in „Run**ds**aal“; am Wortende stimmlos wie „tz“ **bardzo** bardso (sehr) **gdzie** gdsjä (wo) **ksiądz** kchontz (Priester)
dź, dż	dsh	stimmhaftes „dsch“ wie in „**Dsch**ungel“ (**dź** ist weicher!) am Wortende eher wie „tsch“ **dżungla** dshungla (Dschungel) **dźwig** dshwik (Kran) **Łódź** uotsh (Stadt in Polen)
w	w, f	am Wortende wie „f“ in „Ri**ff**“, sonst wie „w“ in „**W**ein“ **lew** lef (Löwe) **wino** wjino (Wein)

Die Aussprache wird auch von der lautlichen Umgebung beeinflusst: Ein vorangehender stimmloser Laut (z. B. t*) lässt das Nachfolgende ebenfalls „stimmloser“ werden. Auch am Wortende klingen die Laute stimmlos.*

Durch das nachfolgende i *klingt der Laut* dzi *weicher, also eher wie* dźi („dsh“)!

Eine häufig vorkommende Mitlautgruppe ist szcz wie in Szczecin (Stettin), die man wie „schtsch“ ausspricht.

Die anderen Buchstaben werden im Wesentlichen wie im Deutschen ausgesprochen. Schwierigkeiten bereitet vor allem die Tatsache, dass es viele ähnliche palatale Laute gibt, also Laute, die mit dem Gaumen gesprochen werden (nj, sch, sh, dsch, dsh), und in einer Lautschrift nur schwer darzustellen sind. Wenn man jedoch die Regeln für die Aussprache der einzelnen Buchstaben und Doppellaute kennt, hat man es einfacher, da diese – leicht beeinflusst durch die lautliche Umgebung – meistens so ausgesprochen werden, wie sie in der vorhergehenden Tabelle beschrieben sind.

Ein wesentliches Merkmal des Polnischen sind die Nasallaute ą *und* ę *.*

Selbstlaute

Wichtig: Selbstlaute (Vokale) werden im Polnischen grundsätzlich kurz und offen wie in den folgenden deutschen Wörtern ausgesprochen:

Lange Selbstlaute gibt es nicht im Polnischen.

a	wie in „Dach“, „ach“
e	wie in „Ecke“, „Dreck“
o	wie in „Pott“, „Komma“
u	wie in „Butter“, „Bulle“

Doppellaute

Doppelte Selbstlaute kommen kaum vor, praktisch nur als Resultat von Beugungen,

z. B. historii (Genitiv von historia „Geschichte“): Die beiden i werden als ein langes „i“ ausgesprochen. Dagegen kommen Kombinationen verschiedener Selbstlaute häufig vor, haben aber eine ganz andere Aussprache als im Deutschen. Ein Beispiel:

Nie wiem.
njä wjäm
nicht weiß-ich
Ich weiß nicht.

Für fast alle polnischen Mitlaute gibt es sowohl eine harte als auch eine weiche Aussprachevariante. Ein -i direkt hinter dem Mitlaut bewirkt die weiche Aussprache.

kiedy	**mieć**
kjädẹ	mjädch
wann	haben

Die deutschen Doppellaute „ei“ bzw. „ai“ kommen praktisch nicht vor. Ein Pole würde sie wie „e-i“ bzw „a-i“ aussprechen, ebenso „eu“ (polnisch „e-u“), allerdings ohne Stimmansatz (wie in „b**eu**nruhigen“). Jeder einzelne Buchstabe wird gesprochen, auch doppelte Mitlaute werden doppelt gesprochen!

Europa	e-u-ropa	Europa

Kauderwelsch-AusspracheTrainer
Falls Sie sich die wichtigsten polnischen Sätze, die in diesem Buch vorkommen, einmal von einer Polin gesprochen anhören möchten, kann Ihnen Ihre Buchhandlung den AusspracheTrainer zu diesem Buch besorgen. Sie bekommen ihn auch über unseren Internetshop www.reise-know-how.de Alle Sätze, die Sie auf dem Kauderwelsch-AusspracheTrainer hören können, sind in diesem Buch mit einem gekennzeichnet.

Wörter, die weiterhelfen

Ohne jegliche Grammatikkenntnisse können Sie bereits folgende Floskeln verwenden, um sich verständlich zu machen:

Achtung: Benutzen Sie pan, *wenn Sie einen Herren anreden, und* pani, *wenn Sie eine Dame anreden!*

Gdzie jest ...? gdsjä jäßt	Wo ist ?
Czy ma pan/pani ...? tschę ma pan/panji	Gibt es/Haben Sie ...? (zum Mann/zur Frau)
Jest/Są ... jäßt/ ßou	Es gibt ...
Dziękuję. dsjänkujä	Danke.
Można? moshna	Darf ich/man?
Tak. tak	Ja.
Nie. njä	Nein.
Można ... moshna	Man kann/darf ...

In diese Sätze können Sie alle sinnvollen Wörter aus den Wörterlisten einsetzen.

Czy ma pan/pani wódkę?
tschę pan/panji ma wutkä
? hat Herr/Dame Wodka
Haben Sie Wodka?

Nie ma.
njä ma
nicht hat
Gibt's nicht. / Haben wir nicht.

To jest mleko.
to jäßt mläko
Das ist Milch.

To są jabłka.
to ßou jabuka
Das sind Äpfel.

Jest mleko.
jäßt mläko
ist Milch
Es gibt Milch.

Są jabłka.
ßou jabuka
sind Äpfel
Es gibt Äpfel.

Bardzo dobrze.
bardso dobshe
sehr gut
Sehr gut! / Alles klar!

Proszę bardzo.
proschä bardso
bitte-ich sehr
Bitte sehr.

Dziękuję.
dsjänkujä
danke-ich
Danke.

Czy można zapalić?
tsche moshna sapaljidch
? man-darf rauchen
Darf man rauchen?

Nie można.
njä moschna
nicht man-darf
Man darf nicht.

Wörter, die Sie schon kennen

Nicht nur die „internationalen" Wörter sind hier vertreten, sondern auch einige, die insbesondere dem Deutschen sehr ähnlich sind. Das gute polnische Wort dach (kleingeschrieben!) kennen Sie schon. „International" heißt übrigens międzynarodowy *(„zwischen-national")*.

Wörter, die weiterhelfen

adres	adräß
balet	balät
kino	kino
minister	mjinjistär
muzeum	musäum
park	park
parlament	parlamänt
sport	ßport
student	ßtudänt
taksówka	taxufka
teatr	täatr
telefon	täläfonn
telegram	tälägramm
turysta	turęsta
wino	wjino
wódka	wutka

Satzstellung

Die einfache Satzstellung im Polnischen ist wie im Deutschen:

Satzgegenstand	...aussage	...ergänzung
Subjekt (S)	Prädikat (P)	Objekt (O)

Marek (S) **czyta** (P) **polskie czasopismo** (O).
maräk tschęta polßkjiä tschaßopjißmo
Marek (S) liest (P) (eine) polnische Zeitschrift (O).

On chce czytać czasopismo, (a) nie książkę.
on htzä tschętadch tschaßopjißmo, (a) njä kchjonshkä
er will lesen Zeitschrift, (und) nicht Buch(Akk)
Er will eine Zeitschrift lesen, nicht ein Buch.

Diese Wortstellung wird ebenfalls bei Zeitbestimmungen eingehalten (übrigens ist dziś einfach eine Kurzform von dzisiaj):

Dziś Marek chce czytać gazetę.
dsjich maräk htzä tschętadch gasătă
heute Marek will lesen Zeitung
Heute will Marek Zeitung lesen.

Marek chce czytać gazetę dzisiaj.
maräk htzä tschętadch gasätä dsjichjaj
Marek will lesen Zeitung heute
Heute will Marek Zeitung lesen.

Die Zeitbestimmung kann auch am Satzende stehen.

Vor- & Nachsilben

Wie die deutschen Vorsilben „an-“, „ab-“, „ent-“ usw. werden auch im Polnischen Vorsilben (Präfixe) benutzt, die zusätzliche Bedeutungen für das jeweilige Wort transportieren können. Im Deutschen können die Silben manchmal den Sinn des Wortes sehr verändern, z. B. „kommen – bekommen“. Im Polnischen gilt nicht nur dies, sondern auch, dass solche Vorsilben eine Schlüsselrolle bei der Bildung der Zeitformen spielen. Mehr darüber unter „Aspekte“.

Auch die Endung eines Wortes weist auf seine grammatikalische Funktion hin. So enden fast alle Grundformen der deutschen Tätigkeitswörter (Verben) auf „-en“. Dies entspricht dem polnischen -ć. Wenn ein polnisches Tätigkeitswort auf -am endet, weiß man, dass die 1. Person („ich“) in der Gegenwart damit gemeint ist. Haupt- und Eigenschaftswörter haben auch ihre geschlechts- bzw. falltypischen Endungen. Näheres steht in den entsprechenden Kapiteln.

Hauptwörter

Polnische Hauptwörter erhalten keine Artikel wie im Deutschen. Deutsche, deren Sprache so vom Artikelgebrauch geprägt ist, können diese Tatsache kaum nachvollziehen, aber so ist es.

„Ein“ als Mengenangebe wird mit jeden übersetzt (siehe „Zahlen“). Für „das“ wird im Polnischen das hinweisende Fürwort ten/ta/to (dieser/ -e, -es) verwendet.

grammatisches Geschlecht

Männliche Hauptwörter enden meistens auf einen Mitlaut:

dom	domm	Haus
brat	bratt	Bruder

Eine Ausnahme ist (hier bestimmt das natürliche Geschlecht das grammatische Geschlecht):

mężczyzna	mänshtschçsna	Mann

Weibliche Hauptwörter enden meistens auf -a oder -ść:

poczta	potschta	Post
miłość	mjiuochdch	Liebe

Sächliche Hauptwörter enden in der Regel auf -o, -e oder -um:

miasto	mijaßto	Stadt
pole	pollä	Feld

Von pole (Feld) ist übrigens auch das Wort Polska („polßka" Polen) abgeleitet. Es bedeutet ungefähr „Land der Felder".

Mehrzahl

Es gibt verschiedene Möglichkeiten, die Mehrzahl zu bilden, wobei das Geschlecht des Hauptwortes wichtig ist, aber auch das Klangsystem der Sprache. Wir wollen uns hier nicht um sämtliche Regeln kümmern, auch wenn die Sache kompliziert ist, und zwar insbesondere beim männlichen Geschlecht. Im Grunde geht es darum, den vorhergehenden Mitlaut weich zu machen bzw. beizubehalten.

Polak – Polacy pollak - pollatzę	Pole - Polen
koń – konie konj - konjä	Pferd - Pferde
pokój – pokoje pokuj - pokojä	Zimmer - Zimmer
dom – domy domm - dommę	Haus - Häuser
przyjaciel – przyjaciele pshęjatzjäl - pshęjatzjälä	Freund - Freunde

Die Mehrzahl-Endung für männliche Personen -owie sollte ich auch erwähnen, z. B. synowie (Söhne), oficerowie (Offiziere). Sie wird benutzt bei männlichen Bezeichnungen für „Verwandtschaft“ oder „Rang“. Mit -owie kann man aber auch die Mehrzahl von einigen polnischen Familiennamen bilden:

Bozik – Bozikowie bosik - bosikowjä	die Boziks
Krawozyk – Krawozyowie kraftschęk - kraftschękowjä	die Krawozkis
Malec – Malcowie malätz - maltzowjä	die Maleks

Beim weiblichen und sächlichen Geschlecht ist die Mehrzahlbildung überschaubarer.

Normalerweise gilt: Beim weiblichen ersetzt -i oder -y den letzten Selbstlaut, beim sächlichen Geschlecht -a.

matka – matki (w) matka - matkji	Mutter - Mütter
poczta – poczty (w) potschta - potschtę	Postamt - Postämter
miasto – miasta (s) mjasto - mjasta	Stadt - Städte
okno – okna (s) okno - okna	Fenster (Ez - Mz)

Auch hier gibt es wieder Ausnahmen:

dziecko – dzieci (s) dsjätzko - dsjätzji	Kind - Kinder
spódnica – spódnice (w) ßpudnjitza - ßpudnjitzä	Rock - Röcke

Das alles sieht wie ein harter Brocken aus, zumal es noch dazu verschiedene Fälle gibt, die auch teilweise ähnliche Mitlautwechsel mit sich bringen (siehe „Fälle“). Versuchen Sie nicht, jede Einzelheit gleich auswendig zu lernen.

Eigenschaftswörter

Das Eigenschaftswort richtet sich in Zahl und Geschlecht nach dem dazugehörigen Hauptwort, und zwar nach folgender Regel, hier am Beispiel nowy (neu) gezeigt.

	Einzahl		**Mehrzahl**	
m	**nowy**	nowwę	**nowi**	nowwji
w	**nowa**	nowwa	**nowe**	nowwä
s	**nowe**	nowwä	**nowe**	nowwä

In den Wörterlisten ist immer die männliche Einzahlform (hier z. B. nowy) angegeben.

Im Grunde steht das Eigenschaftswort immer vor dem Hauptwort – die Ausnahmen spielen für uns keine Rolle – und wird immer, auch in Sätzen mit „ist“, dem Geschlecht des dazugehörigen Hauptwortes angeglichen.

dobra matka	**Matka jest dobra.**
dobra matka	matka jäßt dobra
gute Mutter	*Mutter ist gute*
(die/eine) gute Mutter	Die Mutter ist gut.

Steigern & Vergleichen

Eigentlich gibt es hier keine Überraschungen. Auch die gesteigerten Formen werden gebeugt.

steigern

Um die erste Steigerungsform (Komparativ) zu bilden, wird die Endung des Eigenschaftsworts je nach Geschlecht durch -szy (m), -sza (w) bzw. -sze (s) ersetzt. Für den Superlativ wird sowohl die Vorsilbe naj- als auch die Nachsilbe -szy verwendet.

In den Tabellen werden jeweils nur die männlichen Endungen verwendet.

nowy	**nowszy**	**najnowszy**
nowwę	nofschę	najnofschę
neu	neuer	neuester, der neueste

nowsze czasopismo	**najnowsza książka**
nofschä tschaßopjißmo	najnofscha kchjonshka
neuere Zeitschrift	*neuste Buch*
neuere Zeitschrift	das neuste Buch

Wie in jeder Sprache sind die Ausnahmen bei den am häufigsten benutzten Wörtern zu finden. Die deutsche Steigerung „gut, besser ...“ ist im Polnischen genauso unregelmäßig:

dobry	**lepszy**	**najlepszy**
dobrę	läpschę	najläpschę
gut	besser	der/am beste(n)

Weitere unregelmäßige Beispiele sind:

zły	**gorszy**	**najgorszy**
suę	gorschę	najgorschę
schlecht	schlechter	der/am schlechteste/n
mały	**mniejszy**	**najmniejszy**
mauę	mnjäjschę	najmnjäjschę
klein	kleiner	der/am kleinste/n
wielki	**większy**	**największy**
wjälkji	wjänkschę	najwjänkschę
groß	größer	der/am größte/n

vergleichen

Beim Vergleichen benutzt man die erste Steigerungsform des Eigenschaftswortes zusammen mit niż (als).

Wenn die Sachen, die miteinander verglichen werden, gleich sind, so benutzt man tak + Eigenschaftswort + jak:

Dzisiaj jest cieplej niż wczoraj.
dsjichjaj jäßt tzjiäpläj njish ftschoraj
heute ist wärmer als gestern
Heute ist es wärmer als gestern.

Dzisiaj jest tak ciepło jak wczoraj.
dsjichjaj jäßt tak tzjiäpuo jak ftschoraj
heute ist so warm wie gestern
Heute ist es so warm wie gestern.

Wenn man sagen will, dass es „zu warm" ist, so benutzt man das Wort za + ciepło (warm):

Dzisiaj jest za ciepło.
dsjichjaj jäßt sa tzjiäpuo
heute ist zu warm
Heute ist es zu warm.

derselbe, der gleiche

Im Polnischen wird unterschieden zwischen ten sam (derselbe) und taki sam (der gleiche), die erwartungsgemäß auch gebeugt werden.

Ten sam wird benutzt, wenn es um dieselbe Person bzw. den gleichen Gegenstand geht, d. h. wenn etwas identisch ist. Taki sam dagegen drückt Ähnlichkeit aus, z. B. wenn zwei Autos des gleichen Modells und der gleichen Farbe tatsächlich gleich aussehen würden.

ten (m) dieser	**ta** (w) diese	**to** (s) dieses
ten sam (m) derselbe	**ta sama** (w) dieselbe	**to samo** (s) dasselbe
taki sam (m) der gleiche	**taka sama** (w) die gleiche	**takie samo** (s) das gleiche

To jest ta sama pani.
to jäßt ta ßama panji
das ist diese selbe Frau
Es ist dieselbe Frau.

Mam taki sam plecak jak twój.
mam takji ßam pletzak jak tfuj
habe-ich dieser gleich Rucksack wie deiner
Ich habe den gleichen Rucksack wie du.

PRINCE

Umstandswörter

Umstandswörter werden gebildet, indem die Endung eines Eigenschaftswortes durch -o oder -ie ersetzt wird (-o meistens für Eigenschaftswörter, die auf -ki bzw. -gi enden), zum Beispiel:

szybki schębkji	schnell (Eigenschaftswort)
szybko schębko	schnell (Umstandswort)
inteligentny pan intäljigäntnę pan	intelligenter Herr (Eigenschaftswort)
inteligentnie intäljigäntnjä	intelligent (gemacht) (Umstandswort)

mądry mondrę	klug (Eigenschaftswort)	
mądrze mondshä	klug (Umstandswort)	

Für das Polnische typisch: Die Ausnahmen sind klangbedingt!

wichtige Eigenschaftswörter

dobry	dobrę	gut
zły	suę	schlecht
prawda	prafda	richtig/wahr
nieprawda	njäprafda	falsch
zawsze	safschä	immer
nigdy	njigdę	nie(mals)
wszystko	fschęßtko	alles
nic	njitz	nichts
każdy	kashdę	jeder
nikt	njikt	niemand
tu	tu	hier
tam	tam	dort
szybki	schębkji	schnell
wolny	wolnę	langsam
zimny	simnę	kalt
gorący	gorontzę	heiß
wczesny	ftschęßnę	früh
późny	pushnę	spät
dużo	dusho	viel
mało	mauo	wenig
duży	dushę	groß
mały	mauę	klein
razem	rasäm	zusammen
osobno	oßobnę	alleine
tani	tanji	billig
drogi	droggji	teuer

Persönliche Fürwörter

Im Grunde entsprechen die persönlichen Fürwörter (Personalpronomen) der deutschen Einteilung.

Es gibt allerdings zwei große Unterschiede, die man sich merken muss. Erstens gibt es so etwas wie die höfliche Anredeform „Sie" im Polnischen nicht. Was die Polen stattdessen sagen, entspricht so ungefähr der alten deutschen Konstruktion „der Herr" bzw. „die Dame", die man ab und zu noch in manchem Tante-Emma-Laden zu hören bekommt.

pan	pan	(der) Herr
panowie	panowjä	(die) Herren
pani	panji	(die) Dame
panie	panjä	(die) Damen

Wenn man ein Ehepaar oder eine gemischte Gruppe von Frauen und Männern anspricht, sagt man państwo.

Dies alles sieht zwar kompliziert aus, man gewöhnt sich aber schnell daran. In der Praxis braucht man sowieso meistens nur pan bzw. pani.

Die zweite Abweichung vom Deutschen besteht darin, dass im Polnischen die Personalpronomen nicht benutzt werden, es sei denn, es soll besonders betont werden, dass eine bestimmte Person etwas macht. Denn um welche Person es sich handelt, lässt sich eindeutig an der Endung des Tätigkeitswortes ablesen.

czytam tschętam	*lese-ich*	ich lese
ja czytam ja tschętam	*ich lese-ich*	ich (!) lese (und nicht du!)

Obwohl die Personalpronomen seltener als im Deutschen verwendet werden, sollte man sie natürlich trotzdem kennen.

Einzahl		
ja	ja	ich
ty	tę	du
on	onn	er
ona	onna	sie
ono	onno	es
Mehrzahl		
my	mę	wir
wy	wę	ihr
oni	onni	sie (alle)
one	onnä	sie (nur Frauen!)

Oni (sie) bezieht sich nur auf eine Gruppe von Männern oder auf eine gemischte Gruppe von Frauen und Männern.

Achtung, verwechseln Sie nicht:

ja	ja	ich
tak	tak	ja

Besitzanzeigende Fürwörter

Besitzanzeigende Fürwörter richten sich nach dem Geschlecht des dazugehörigen Hauptwortes.

Hauptwort steht in der Einzahl

Unveränderlich sind „sein" und „ihr", egal, ob das Hauptwort in der Ein- oder Mehrzahl steht.

	männl.	**weibl.**	**sächl.**
mein	**mój**	**moja**	**moje**
dein	**twój**	**twoja**	**twoje**
sein	**jego**	**jego**	**jego**
ihr	**jej**	**jej**	**jej**
unser	**nasz**	**nasza**	**nasze**
Ihr/euer	**wasz**	**wasza**	**wasze**
ihr	**ich**	**ich**	**ich**

mój przyjaciel
muj pshęjatzjäl
mein Freund

moja przyjaciółka
mojja pshęjatzjuuka
meine Freundin

jej ojciec
jäj ojtzjätz
ihr Vater

jego matka
jägo matka
seine Mutter

moje dziecko
mojjä dsjätzko
mein Kind

jego dziecko
jägo dsjätzko
sein Kind

jej dziecko
jäj dsjätzko
ihr Kind

Hauptwort steht in der Mehrzahl

Es gibt hier nur zwei Gruppen, eine für männliche Personen und eine für alles andere, egal ob Frauen, Häuser oder Hunde.

	männl. Personen	alle anderen
meine	**moi**	**moje**
deine	**twoi**	**twoje**
seine	**jego**	**–**
ihre	**–**	**jej**
unsere	**nasi**	**nasze**
Ihre/eure	**wasi**	**wasze**
ihre	**ich**	**ich**

moi przyjaciele
mojji pshęjatzjälä
meine Freunde

moje przyjaciółki
mojjä pshęjatzjuuki
meine Freundinnen

moje buty
mojjä butę
meine Schuhe

moje dzieci
mojjä dsjätzji
meine Kinder

jego bracia
jägo bratzja
seine Brüder

jej bracia
jäj bratzja
ihre Brüder

ich synowie
ih sęnowjä
ihre Söhne

ich samochody
ih ßamohodę
ihre Autos

Verwechseln Sie ich *(ihre) nicht mit dem deutschen „ich"!*

Swój bedeutet „eigen" („mein eigenes Buch"), und wird verwendet, wenn sich der Besitz auf den Satzgegenstand (Subjekt) bezieht:

(Ja) mam swoją książkę.
(ja) mam ßwojjo kchjonshkä
(ich) habe eigene Buch(Akk)
Ich habe mein eigenes Buch.

Sein & Haben

Anders als im Deutschen werden die Zeitformen meistens ohne Hilfsverben gebildet, z. B. mit Vorsilben. Das heißt, Formen wie „er ist gegangen“ oder „er war gegangen“ werden mittels Vorsilbe plus einfache Vergangenheit ausgedrückt: on poszedł (po-szedł) sowie bei der weiblichen Form ona poszła bzw. der sächlichen Form ono poszło.

Dies gilt auch für Formen wie „er hat gemacht“: on zrobił (z-robił) usw. Mehr darüber unter „Aspekte“ sowie unter „Vergangenheit“.

„sein“ als Tätigkeitswort

So wird die Grundform być *(sein) gebeugt.*

(ja) jestem
(ja) jäßtäm
ich bin

(ty) jesteś
(tę) jäßtäch
du bist

(on/ona/ono) jest
on/onna/onno jäßt
er/sie/es ist

(my) jesteśmy
(mę) jäßtächmę
wir sind

(wy) jesteście
(wę) jäßtächtzjä
ihr seid

(oni/one) są
onnji/onne som
sie sind

To jest drogie.
to jäßt droggjä
Das ist teuer.

„haben“ als Tätigkeitswort

Die Grundform von „haben“ ist mieć.

(ja) mam
(ja) mam
ich habe

(ty) masz
(tę) masch
du hast

(on/ona/ono) ma
(onn/onna/onno) ma
er/sie/es hat

(my) mamy
(mę) mamę
wir haben

(wy) macie
(wę) matzjä
ihr habt

(oni/one) mają
(onnji/onne) majom
sie haben

Mam plan miasta.
mam plan mjaßta
habe-ich Plan Stadt(Gen)
Ich habe einen Stadtplan.

Wo im Deutschen ein zusammengesetztes Hauptwort steht, braucht man im Polnischen oft den Genitiv.

Tätigkeitswörter

Es gibt im Polnischen vier Beugungsarten, wie beispielsweise im Lateinischen oder Französischen. Einige Beugungsendungen sind von den Tätigkeitswörtern „sein" und „haben" bereits bekannt.

	kochać kohadch lieben	**rozumieć** rosumjädch verstehen
ja	**kocham**	**rozumiem**
ty	**kochasz**	**rozumiesz**
on/ona/ono	**kocha**	**rozumie**
my	**kochamy**	**rozumiemy**
wy	**kochacie**	**rozumiecie**
oni/one	**kochają**	**rozumieją**

	pracować pratzowadch arbeiten	**widzieć** widsjädch sehen
ja	**pracuję**	**widzę**
ty	**pracujesz**	**widzisz**
on/ona/ono	**pracuje**	**widzi**
my	**pracujemy**	**widzimy**
wy	**pracujecie**	**widzicie**
oni/one	**pracują**	**widzą**

Wie man alle polnischen Verben richtig beugt, kann im Rahmen des Kauderwelsch-Sprechführers leider nicht erklärt werden. Man sollte sich aber auf jeden Fall merken, dass jeweils die Endungen der 3. Person Einzahl („er/sie/es") sowie der 3. Person Mehrzahl („sie") die Beugungsgruppe des polnischen Tätigkeitswortes verraten:

kochać kohadch	**kocha**	**kochają**
rozumieć rosumjädch	**rozumie**	**rozumieją**
pracować pratzowadch	**pracuje**	**pracują**
widzieć wjidsjädch	**widzi**	**widzą**

Damit ist das Thema der Beugungsarten keinesfalls erschöpft. Es reicht aber, um einen groben Überblick zu haben.

Unregelmäßige Tätigkeitswörter

Es gibt leider ziemlich viele unregelmäßige Tätigkeitswörter. Aber auch bei unregelmäßigen Tätigkeitswörtern gibt es ein leicht erkennbares System. Meistens handelt es sich um eine Lautverschiebung in der Wortmitte und nicht um eine Abweichung von den regelmäßigen Endungen. Das bedeutet, dass man sich nur zwei, drei Beugungen zu merken braucht, um auf die Beugungsendungen sämtlicher Personen schließen zu können.

	brać bradch nehmen	**stać** ßtadch stehen
ja	**biorę**	**stoję**
ty	**bierzesz**	**stoisz**
on/ona/ono	**bierze**	**stoi**
my	**bierzemy**	**stoimy**
wy	**bierzecie**	**stoicie**
oni/one	**biorą**	**stoją**

	iść ichdch gehen	**jechać** jähadch fahren
ja	**idę**	**jadę**
ty	**idziesz**	**jedziesz**
on/ona/ono	**idzie**	**jedzie**
my	**idziemy**	**jedziemy**
wy	**idziecie**	**jedziecie**
oni/one	**idą**	**jadą**

Modalverben

Modalverben werden zusätzlich zu einem Tätigkeitswort gebraucht und verleihen diesem einen zusätzlichen Bedeutungsaspekt (z. B. „können", „wollen", „müssen", „dürfen" usw.).

Dieses System funktioniert auch im Polnischen. Wenn man also die gebeugten Formen beherrscht, kann man diese mit der Grundform des gewünschten Tätigkeitsworter kombinieren.

Das Modalverb steht an der gewohnten Stelle wie jedes andere Tätigkeitswort. Die Grundform des Tätigkeitswortes steht dabei jedoch am Satzende.

Hier das Modalverb chcieć (wollen):

wollen

Chcę zostać w mieście.
htzä soßtadch w mjächtzjä
will-ich bleiben in Stadt(Lok)
Ich will in der Stadt bleiben.

Warum hier mieście statt miasto steht, kann man im Kapitel „Fälle" nachlesen.

Die Bedingungsform (Konditional) „möchten" („würde wollen") gibt es auch:

möchten

Chciałbym być nauczycielem.
htzjaubęm będch nautschętzjäläm
möchte-ich sein Lehrer
Ich möchte Lehrer werden.

Modalverben

gern haben, mögen Das Modalverb lubić bedeutet „gern haben, mögen“:

Bardzo lubię piwo.
bardso lubiä piwo
sehr mag-ich Bier
Ich habe Bier sehr gern.

können Die Grundform des Modalverbs „können“ heißt móc:

Czy może pan mi pomóc?
tschę moshä pan mji pommutz
? kann(-er) Herr mir helfen
Können Sie mir bitte helfen?

man darf, es ist möglich Można ist ein unpersönlicher Ausdruck und bedeutet „man darf, es ist möglich“:

Tu można wymieniać pieniądze.
tu moshna węmjänjadch pjänjondsä
hier kann(-man) wechseln Geld
Hier kann man Geld wechseln.

es war möglich Davon gibt es auch eine Vergangenheitsform, sie lautet: można było („moshna bęuo“):

Nie można było nic kupić.
njä moshna bęuo njitz kupjidch
nicht möglich war nichts kaufen
Ich/man/wir konnte/n nichts kaufen.

müssen

Weiterhin gibt es auch musieć (müssen):

Muszę jutro pojechać autobusem do Poznania.
muschä jutro pojähadch autobußäm do posnanja
muss-ich morgen fahren Bus-mit nach Posen
Morgen muss ich mit dem Bus nach Posen fahren.

es ist nötig, man muss

Trzeba (es ist nötig, man muss) ist ein unpersönlicher Ausdruck und wird daher nicht gebeugt wird, d. h. es bleibt immer unverändert:

Trzeba już iść.
tshäba jush ichdch
muss-man schon gehen
Ich muss/wir müssen schon gehen.

	chcieć wollen	**lubić** mögen
ja	**chcę**	**lubię**
ty	**chcesz**	**lubisz**
on/ona/ono	**chce**	**lubi**
my	**chcemy**	**lubimy**
wy	**chcecie**	**lubicie**
oni/one	**chcą**	**lubią**

	móc können	**musieć** müssen
ja	**mogę**	**muszę**
ty	**możesz**	**musisz**
on/ona/ono	**może**	**musi**
my	**możemy**	**musimy**
wy	**możecie**	**musicie**
oni/one	**mogą**	**muszą**

Aspekte

Das Thema der „Aspekte“ von Tätigkeitswörtern ist wohl für Deutsche der schwierigste Teil, weil es diese im Deutschen nicht gibt.

Aspekte sind nicht mit Zeitformen zu verwechseln. Grundkriterium dabei ist, ob eine Handlung noch nicht fertig (unvollendet) oder bereits abgeschlossen (vollendet) ist.

Bis jetzt haben Sie nur Formen im unvollendeten Aspekt kennen gelernt, weil die häufiger gebraucht werden. Es ist fast nicht möglich, ganz richtig mit den Aspekten umzugehen. Dafür ist das System viel zu kompliziert und erfordert echtes Sprachgefühl.

Trotzdem sei hier in groben Zügen erklärt, wie es ungefähr funktioniert. Die Aspekte sind charakteristisch für die polnische, aber auch für alle anderen slawischen Sprachen, dass. Im Deutschen braucht man zusätzliche Wörter, um den gleichen Sachverhalt auszudrücken. Und obwohl das Polnische hier teilweise andere Denkansätze als das Deutsche hat, lässt sich der dahinterstehende Gedanke trotzdem nachvollziehen.

unvollendeter Aspekt

Der unvollendete Aspekt kann die Gewohnheit einer Handlung betonen:

(Zwykle) kupował gazetę.
(swęklä) kupowau gasätä
(normalerweise) kaufte-er Zeitung
(Normalerweise) kaufte er eine Zeitung.

Piszę listy.
pjischä ljistę
schreibe-ich Briefe
Ich schreibe Briefe.

Das erste Beispiel zeigt eine sich wiederholende Handlung in der Vergangenheit, das zweite eine in der Gegenwart. Überdies kann der unvollendete Aspekt auch den Verlauf einer Handlung betonen, die noch nicht vollendet worden ist.

Hier wird die Handlung, nicht das Resultat des Schreibens betont.

Dzisiaj pisałem list.
dsjichjaj pjißauäm ljißt
heute schrieb-ich(m) Brief
Heute schrieb ich einen Brief.

vollendeter Aspekt

Die bloße Tatsache, dass es hier um vollendete Handlungen geht, schließt logischerweise eine Gegenwartsform in diesem Aspekt aus, weil es sich bei der Gegenwart nicht um etwas Abgeschlossenes handeln kann. Hier wird nämlich betont, was geschehen oder getan worden ist, beziehungsweise was geschehen oder getan wird:

Dzisiaj napisałem list.
dsjichjaj napjißauäm ljißt
heute habe-geschrieben-ich(m) Brief
Heute habe ich einen Brief geschrieben.
(Er ist fertig geschrieben!)

Hier habe ich mit dem deutschen Partizip (Mittelwort der Vergangenheit) übersetzt, obwohl das polnische napisałem bzw. napisałeś keines ist. Ich übersetze es so, um den vollendeten Charakter der Handlung klar zu machen.

Napisałem list.
napjißauäm ljißt
habe-geschrieben-ich(m) Brief
Ich habe den Brief geschrieben.

Kiedy napisałeś list?
kjädę napjißauäch ljißt
wann hast-geschrieben(m) Brief
Wann hast du den Brief geschrieben?
(Er ist nämlich fertig.)

Folgende Beispiele sind besonders anschaulich:

piszę pjischä	ich schreibe (ich bin dabei)
pisałem pjißauäm	ich war am Schreiben

Bitte verwechseln Sie Aspekte nicht mit Zeitformen!

Beide Beispiele stehen im unvollendeten Aspekt. Die Zeitformen sind jedoch verschieden, und zwar steht das erste in der Gegenwart, das zweite in der Vergangenheit. Vergleichen Sie deshalb auch:

pisałem pjißauäm	ich war am Schreiben (wie oben)
napisałem napjißauäm	ich habe geschrieben

Hier stehen die Beispiele im Polnischen beidesmal in der Vergangenheit. Die unterschiedlichen Aspekte geben dabei die Zusatzinformation an, ob eine Handlung in der Vergangenheit nur geschah (unvollendeter Aspekt) oder in der Vergangenheit abgeschlossen wurde (vollendeter Aspekt).

Glücklicherweise gibt es eine Reihe von kleinen Schlüsselwörtern, die neben den Aspekten auf den jeweiligen Zusammenhang hinweisen, wie zawsze (immer), czasem (manchmal). Diese weisen auf den unvollendeten Aspekt hin oder betonen ihn.

(Jeden) raz (einmal) spielt für den vollendeten Aspekt eine ähnliche Rolle, oder auch już (schon).

Für den Anfänger sind jedoch Tätigkeitswörter im unvollendeten Aspekt von größerer Bedeutung. Einerseits sind sie einfacher zu bilden, andererseits nützlicher, da man von ihnen alle drei Zeitformen bilden kann. Im Wörterbuch sind beide Aspekte angegeben.

aus „unvollendet" wird „vollendet"

Man kann den vollendeten Aspekt bilden, indem man dem Tätigkeitswort im unvollendeten Aspekt eine Vorsilbe voranstellt, wie z. B. pisać - napisać, robić - zrobić. Diese Tätigkeitswörter werden im vollendeten Aspekt genauso gebeugt wie im unvollendeten Aspekt.

Weitere solcher Beispiele sind unter anderem:

unvollendet	vollendet	
czekać tschäkadch	**zaczekać** satzchäkadch	warten
jechać jähadch	**pojechać** pojähadch	fahren

Es gibt noch zwei weitere Möglichkeiten, den vollendeten Aspekt zu bilden. Die erstere funktioniert mittels einer Lautverschiebung in der Wortmitte, z. B.:

unvollendet	vollendet	
dawać	**dać**	geben
dawadch	dadch	
pomagać	**pomóc**	helfen
pommagadch	pommutz	

Solche Tätigkeitswörter werden im vollendeten Aspekt anders gebeugt. Dies zeige ich anhand des Beispiels von dawać - dać (geben):

	unvollendet	vollendet
	dawać	**dać**
ja	**daję**	**dam**
	ich gebe	ich werde geben
ty	**dajesz**	**dasz**
on/ona/ono	**daje**	**da**
my	**dajemy**	**damy**
wy	**dajecie**	**dacie**
oni/one	**dają**	**dadzą**

Zweitens wird der vollendete Aspekt einiger wichtiger Tätigkeitswörter im unvollendeten Aspekt gänzlich anders gebildet, z. B.:

unvollendet	vollendet	
mówić	**powiedzić**	sprechen
muwjidch	powwjädsjädch	
widzieć	**zobaczyć**	sehen
wjidsjädch	sobbatschędch	

Aspekte

Obwohl es sich praktisch um ein anderes Tätigkeitswort im vollendeten Aspekt handelt, wird ähnlich gebeugt:

	unvollendet	vollendet
	mówić	**powiedzieć**
ja	**mówię**	**powiem**
	ich spreche	ich werde spr.
ty	**mówisz**	**powiesz**
on/ona/ono	**mówi**	**powie**
my	**mówimy**	**powiemy**
wy	**mówicie**	**powiecie**
oni/one	**mówią**	**powiedzą**

Die Zeiten

Tätigkeitswörter im vollendeten Aspekt können nicht alle Zeitformen bilden.

Vergangenheit

Meistens wird sowohl bei dem vollendeten als auch bei dem unvollendeten Aspekt die Vergangenheit gebildet, indem man den Endbuchstaben der Grundform durch die entsprechende Endung der Vergangenheit ersetzt. In der Vergangenheit gibt es für die 3. Pers. Ez eindeutige Endungen für männliche, weibliche und sächliche Hauptwörter.

(on) szedł (onn) schädu	er ging
(ona) szła (onna) schua	sie ging
(ono) szło (onno) schuo	es ging

In der Vergangenheit Mehrzahl sieht es etwas anders aus, und zwar weil zwischen männlichen Personen einerseits und allen anderen Kategorien andererseits unterschieden wird:

(oni) szli (onni) schlji	sie gingen (nur Männer)
(one) szły (onnä) schuę	sie gingen (alle anderen)

Das gleiche Prinzip gilt auch für regelmäßige Tätigkeitswörter, wie beispielsweise pisać („pjißadch" schreiben):

pisałem	**pisałam**
pjißauäm	pjißauam
schrieb-ich(m)	*schrieb-ich(w)*
ich (Mann!) schrieb	ich (Frau!) schrieb

Die Grundform im vollendeten Aspekt, d. h. napisać, wird auch auf diese Weise gebeugt:

napisałem	**napisałam**
napjißauäm	napjißauam
schrieb-ich(m)	*schrieb-ich(w)*
ich habe geschrieben	ich habe geschrieben

In der Gegenwart wird die Unterscheidung der Personen jedoch wie im Deutschen getroffen.

(ja) idę	ich gehe (m/w)
(on/ona) idzie	er/sie geht
(ja) piszę	ich schreibe (m/w)
(on/ona) pisze	er/sie schreibt

Folgende Tabelle zeigt sämtliche Vergangenheitsformen anhand von pisać (schreiben):

Einzahl	**männlich**	**sächlich**	**weiblich**
ja	**pisałem**	–	**pisałam**
ty	**pisałeś**	–	**pisałaś**
on/ono/ona	**pisał**	**pisało**	**pisała**
Mehrzahl	**männl. Pers.**	**alle anderen**	
my	**pisaliśmy**	**pisałyśmy**	
wy	**pisaliście**	**pisałyście**	
oni/one	**pisali**	**pisały**	

unregelmäßige Tätigkeitswörter

Hier die Beugung in der Vergangenheit von zwei unregelmäßigen Tätigkeitswörtern.

Zunächst die Beugung von brać (nehmen):

männlich	sächlich	weiblich	Einzahl
brałem	–	brałam	ja
brałeś	–	brałaś	ty
brał	brało	brała	on/ono/ona
männl. Pers.	**alle anderen**		**Mehrzahl**
braliśmy	brałyśmy		my
braliście	brałyście		wy
brali	brały		oni/one

Hier die Beugung von iść (gehen):

männlich	sächlich	weiblich	Einzahl
szedłem	–	szłam	ja
szedłeś	–	szłaś	ty
szedł	szło	szła	on/ono/ona
männl. Pers.	**alle anderen**		**Mehrzahl**
szliśmy	szłyśmy		my
szliście	szłyście		wy
szli	szły		oni/one

Zukunft im unvollendeten Aspekt

Bildet man die Gegenwartsform von unvollendeten Verben, hat diese Form Zukunftscharakter und wird auch so übersetzt.

Der Nominativ von Warszawy *lautet* Warszawa.

Jadę do Warszawy.
jadä do warschawę
fahre-ich nach Warschau(Gen)
Ich werde nach Warschau fahren.

Die Polen verwenden alle Möglichkeiten der Zukunftsbildung etwa gleich oft.

Im Deutschen wird die eigentliche Zukunftsform mit „werden", z. B. „ich werde nach Warschau fahren", relativ wenig benutzt, es sei denn, dass die Zukunft ausdrücklich betont werden soll.

Im Polnischen ist dies nicht der Fall: będzie (werden) wird sehr oft benutzt, und zwar sieht die Wortstellung wie im Deutschen aus, also „werden" + Grundform:

będę pisać	ich werde schreiben	ja
będziesz pisać	du wirst schreiben	ty
będzie pisać	er/sie/es wird schreiben	on/ono/ona
będziemy pisać	wir werden schreiben	my
będziecie pisać	ihr werdet schreiben	wy
będą pisać	sie werden schreiben	oni/one

Eine andere Möglichkeit ist die Kombination von „werden" + Vergangenheit. Zwei Beispiele, damit diese Möglichkeit, da sie stetig benutzt wird, wenigstens erkannt werden kann.

Ez	männl.	weibl.
ja	**będę pisał**	**będę pisała**
Mz	**männl. Pers.**	**alle anderen**
my	**będziemy pisali**	**będziemy pisały**

Dies sind also drei Möglichkeiten der Zukunftsbildung im unvollendeten Aspekt. Zum aktiven Gebrauch würde ich vor allem zu den ersten zwei raten.

Zukunft im vollendeten Aspekt

Die Zukunft kann sowohl im vollendeten und als auch im unvollendeten Aspekt ausgedrückt werden: Napiszę („napjischä") und będę pisał („bändä pjißau") heißen jeweils „(ich) werde schreiben". Das erste Beispiel betont die „Ergebnisse" des Schreibens, während das zweite etwa bedeutet: „ich werde (z. B. heute Nachmittag) am Schreiben sein".

Napiszę – *die Gegenwartsform im vollendeten Aspekt hat Zukunftscharakter!*

Verneinung

Verneint wird meistens mit nie (nicht), das vor dem gebeugten Tatigkeitswort steht:

Nie mogę.
njä moggä
nicht kann-ich
Ich kann nicht.

doppelte Verneinung

nein
nie
nicht
nie
nichts
nic
niemals
nigdy
niemand
nikt
nirgends
nigdzie

Bei Verneinungen, wie „nichts, nie" etc. wird quasi „doppelt" verneint. Zusätzlich zum verneinenden Fürwort wird das Tätigkeitswort dennoch mit nie (nicht) verneint.

Nic nie mówię.
njitz njä muwjä
nichts nicht spreche-ich
Ich sage nichts.

Nigdy nie byłem w Polsce.
njigdę njä bęuäm w polßtzä
nie(mals) nicht war-ich(m) in Polen(Lok)
Ich war noch nie in Polen.

Warum aus Polska (Polen) w Polsce wird, hängt mit dem Verhältniswort (Präposition) w zusammen. Mehr darüber im Kapitel „Verhältniswörter" und „Fälle".

Nikt nic nie mówi.
njikt njitz njä muwji
niemand nichts nicht spricht
Niemand spricht.

Achtung: Verwechseln Sie nicht nie (nicht) mit nigdy (nie)!

Fragen

Man unterscheidet wie im Deutschen Entscheidungsfragen und Satzfragen. Auf Entscheidungsfragen kann man nur mit Ja oder Nein antworten. Sie werden ohne ein Fragewort gebildet. Auf Satzfragen wird ein vollständiger Satz als Antwort erwartet. Man bildet sie mit einem Fragewort.

Entscheidungsfragen (ohne Fragewort)

In der Wort-für-Wort-Übersetzung wird czy *lediglich durch ein Fragezeichen übersetzt.*

In Entscheidungsfragen bleibt die Wortfolge des polnischen entsprechenden Aussagesatzes erhalten. Sie sind entweder am Tonfall zu erkennen oder aber an der Fragepartikel czy, das eine Entscheidungsfrage als solche kennzeichnet („Achtung, jetzt kommt eine Frage!“). Es hat sonst weiter keine Bedeutung und kann auch nie alleine stehen. Es steht immer am Satzanfang.

Aussagesatz	Fragesatz	
S P O	S P O	? S P
Oni byli tam.	**Oni byli tam?**	**Czy pan pali?**
onnji bęlji tamm	onnji bęlji tamm	tschę pan palji
Sie waren dort.	Sie waren dort?	Rauchen Sie?

Dieses czy kann man auch mit dem deutschen „ob“ vergleichen, wie wenn man sagen würde: „Ob Sie rauchen?“

Satzfragen (mit Fragewort)

Satzfragen werden durch Fragewörter eingeleitet, die immer am Anfang der Frage stehen:

kto?	kto	wer?
dokąd?	dockont	wohin?
skąd?	ßkont	woher?
ile?	ilä	wie viel?
dlaczego?	dlatschägo	warum?
jak?	jak	wie?
co?	tzo	was?
gdzie?	gdsjä	wo/wohin?
kiedy?	kjädę	wann?
jaki?	jakji	was für ein?

Wenn der Satzgegenstand ein Hauptwort ist, ändert sich die Wortfolge wie im Deutschen:

Co robi twój przyjaciel?
tzo robbji tfuj pshęjatzjäl
Was macht dein Freund?

Wenn der Satzgegenstand jedoch ein persönliches Fürwort ist (hier: „er"), bleibt die Wortfolge des polnischen Aussagesatzes erhalten. Das persönliche Fürwort wird der Satzaussage nicht wie das Hauptwort nachgestellt:

Co on robi?
tzo on robbji
was er macht
Was macht er?

Bindewörter

Die Bindewörter(Konjunktionen) werden in der Regel wie im Deutschen verwendet.

i	i	und, auch
a	a	und, aber, dagegen
albo	albo	oder
jak	jak	als; wie?
dlatego że	dlatägo shä	weil
dlatego	dlatägo	deshalb
jeśli	jächlji	wenn, falls
ponieważ	ponjäwash	da, weil
co	tzo	das/welche(r/s); was
potem	pottäm	dann, darauf, danach
wtedy	ftädę	dann, damals
albo ... albo	albo ... albo	entweder ... oder
że	shä	dass (Relativpron.)

Już wiem, że ona tu jest.
jush wjäm, shä onna tu jäßt
schon weiß-ich, dass sie hier ist
Ich weiß schon, dass sie hier ist.

Mam biały i niebieski sweter.
mamm bjaue i njäbjäßkji ßwätär
habe-ich weiß und blau Pullover
Ich habe einen weißen und blauen Pullover.

Swetr jest niebieski a spódnica jest biała.
ßwätär jäßt njäbjäßki a ßpudnjitza jäßt bjaua
Pullover ist blau und/aber Rock ist weiß
Der Pullover ist blau und der Rock ist weiß.

Ponieważ deszcz pada, nie chcę iść na spacer.
ponjäwash däschtsch pada, njä htzä ichdch na ßpatzär
da Regen fällt, nicht will-ich gehen auf Spaziergang
Da es regnet, will ich keinen Spaziergang machen.

Chciałbym oglądać telewizję.
htzjiaubęm oglondadch täläwjisjä
möchte-ich(m) schauen Fernsehen
Ich möchte fernsehen.

Potem możemy iść na spacer.
potäm moshämę ichdch na ßpatzär
dann können(-wir) gehen auf Spaziergang
Dann können wir einen Spaziergang machen.

Mieszkają w Warszawie albo w Gdańsku.
mjäschkajo w Warschawjä albo w gdanjßku
wohnen-sie in Warschau(Lok) oder in Danzig(Lok)
Sie wohnen in Warschau oder Danzig.

Verhältniswörter

Wie im Deutschen verlangen Verhältniswörter (Präpositionen) jeweils bestimmte Fälle. Einige Verhältniswörter können jedoch unterschiedliche Fälle verlangen. Das hängt dann von der Bedeutung, die es in dem speziellen Satz haben soll, ab. Im Deutschen ist dies z. B. mit den Verhältniswörtern „auf (den/dem Tisch)“ oder „in (das/dem Haus)“ auch bekannt.

Er war in dem Haus.	(in + Dat)
Er ging in das Haus.	(in + Akk)

Hier die wichtigsten Verhältniswörter, sortiert nach den Fällen, die sie für das zugehörige Hauptwort (oder auch persönliches Fürwort) fordern.

mit dem Genitiv stehen ...

Der Genitiv spielt im Polnischen eine sehr große Rolle.

dla	für
do	nach
u	bei
od	von, seit
z	aus

dla pana
dla panna
für den Herrn

do domu
do dommu
nach Haus

u przyjaciół
u pshęjatzjuu
bei Freunden

od pań
odd panj
von den Frauen

od stycznia
odd ßtętschnja
seit Januar

z drewna
s dräwna
aus Holz

mit dem Dativ stehen ...

ku	gegen (Richtung)
na	auf, zu

ku morzu
ku moshu
Richtung Meer

idę na stację
idä na ßtatzjä
ich gehe zum Bahnhof

mit dem Instrumental steht ...

z	mit

z tobą
s tobbo
mit dir

mit dem Lokativ stehen ...

o	über
w(e)	in

mówiliśmy o tym
wir haben darüber gesprochen

w Warszawie
in Warschau

We *wird benutzt, wenn das folgende Wort mit* w *plus Weichlaut beginnt, z. B.* we wrzeœniu *(im September).*

Die Fälle

Mit den polnischen Fällen ist es noch komplizierter als im Deutschen. Erstens gibt es drei Fälle mehr und zweitens wird häufiger gebeugt, sogar Zahlen und Ortsbezeichnungen. Ein Hauptwort wird durch Anhängen oder Weglassen von Endungen gebeugt.

Welche Endung nun genau angehängt werden muss, hängt z. B. auch davon ab, ob das Hauptwort „belebt" (also ein Lebewesebn kennzeichnet) oder „unbelebt" (also kein Lebewesen) ist. Beispielsweise enden männliche „belebte" Hauptwörtern im Genitiv immer auf -a, „unbelebte" männliche auf -u:

Beachten Sie: Es gibt einige belebte männliche Hauptwörter, die im Genitiv auf -y *enden, z. B.* poeta *(Poet)*/ poety *(des Poeten)*, mężczyzna *(Mann)*/ mężczyzny *(des Mannes)*.

dla pana	**do pokoju**
dla panna	do pokkoju
für Herrn(Gen)	*in Zimmer(Gen)*
für den Herrn	auf das Zimmer

In ähnlicher Weise kommt auch bei weiblichen und sächlichen Hauptwörtern der Genitiv zur Anwendung. Wichtig ist vor allem, das System dahinter zu verstehen und zu sehen, dass im Polnischen häufig andere Fälle benutzt werden als im Deutschen.

Männliche Hauptwörter Einzahl

In welchem Fall ein Hauptwort steht, kann man mit jeweils typischen Fragewörtern erfragen:

Nominativ	**wer?, was?**
przyjaciel pshęjatzjäl Freund	**pokój** pokkuj Zimmer
Genitiv	**wessen?**
ojciec przyjaciela ojtzjätz pshęjatzäla *Vater Freund(Gen)* der Vater des Freundes	
Dativ	**bei wem?**
u przyjaciela u pshęjatzäla *bei Freund(Dat)* bei dem Freund	

Genitiv o. Akkusativ	**wohin?**
Hier hängt die Fall-Endung vom Sinnzusammenhang ab.	
do pokoju do pokkoju *in Zimmer(Gen)* in das Zimmer	**na obiad** na objad *auf Mittagessen(Akk)* zum Mittagessen
Lokativ	**wo?, worüber?**
w pokoju w pokkoju *in Zimmer(Lok)* in dem Zimmer	
o studencie o ßtudäntzjä *über Student(Lok)* über den Studenten	**o przyjacielu** o pshęjatzälu *über Freund(Lok)* über den Freund
Instrumental	**womit?, mit wem?**
samochodem ßamohoddäm *Auto(Instr)* mit dem/einem Auto	
z przyjacielem s pshęjatzäläm *mit Freund(Instr)* mit dem/einem Freund	

Der verwendete Fall wird in der Wort-für-Wort-Übersetzung durch das entsprechende Kürzel in Klammern verdeutlicht.

Weibliche Hauptwörter Einzahl

Nominativ	**wer?, was?**
przyjaciółka pshęjatzjuuka Freundin	**kawiarnia** kawjarnja Café
Genitiv	**wessen?, bei wem?**
brat przyjaciółki brat pshęjatzjuuki *Bruder Freundin(Dat)* der Bruder der Freundin	**u przyjaciółki** u pshęjatzjuuki *bei Freundin(Dat)* bei der Freundin
Genitiv o. Akkusativ	**wohin?**
do kawiarni do kawjarnji *zu Café(Akk)* zum Café	**na pocztę** na potschtä *auf Post(Akk)* zur Post
Lokativ	**wo?, worüber**
w kawiarni w kawjarnji *in Café(Lok)* im Café	
o matce o mattzä *über Mutter(Lok)* über die Mutter	**o przyjaciółce** o pshęjatzjuutzä *über Freundin(Lok)* über die Freundin

Instrumental	womit?, mit wem?
taksówką	**z przyjaciółką**
taxufko	s pshęjatzjuuko
Taxe(Instr)	*mit Freundin(Instr)*
mit der/einer Taxe	mit der/einer Freundin

Lokativ

Der Lokativ bezeichnet den Ort, an dem sich die von dem jeweiligen Tätigkeitswort beschriebene Handlung vollzieht. Im Deutschen wird diese Funktion vom Dativ übernommen, der im Polnischen kaum vorkommt.

Der Lokativ ist leider etwas kompliziert in der Handhabung, denn er kann Lautverschiebungen in der Wortmitte mit sich bringen, wenn die betreffenden Mitlaute „weich" gemacht werden. Diese „erweichende", lautverschiebende Funktion bedingt die Lokativendung -e. Als Beispiel führe ich das sächliche Hauptwort miasto (Stadt) an.

idę do miasta	**jestem w mieście**
idä do mjaßta	jästäm w mjächtzjä
gehe-ich in Stadt(Gen)	*bin-ich(m) in Stadt(Lok)*
Ich gehe in die Stadt.	Ich bin in der Stadt.

Dieses mieście ist als miasto kaum noch zu erkennen. Weitere solche, oft vorkommende Beispiele sind:

list ljißt	Brief
w liście w ljichtzjä	im Brief
lato latto	Sommer
w lecie w lätzjä	im Sommer
obiad objiat	Mittagessen
po obiedzie po objädsjä	nach dem Mittagessen

Instrumental

Ich will noch eine zusätzliche Funktion des Instrumentals erwähnen. Wenn man etwas „ist“ bzw. „werden will“, wird dem betreffenden Hauptwort die Instrumental-Endung angehängt:

Polak („pollak“) *heißt „Pole“.*

Jestem Polakiem.
jästäm pollakjäm
bin-ich Pole(Instr)
Ich bin Pole.

Chciałabym być nauczycielką.
htzjauabęm będch nautschętzjälko
mag-ich(w) sein Lehrerin(Instr)
Ich möchte Lehrerin werden.

Das Thema „Fälle“ ist damit natürlich noch nicht erschöpft, aber es geht hier auch lediglich darum, die wesentlichen Besonderheiten darzustellen.

Wenn Sie sich nicht sicher sind, empfehle ich, im Zweifelsfalle, einfach das Verhältniswort mit dem ungebeugten Hauptwort (Nominativ) zu benutzen. Man wird Sie in den meisten „Fällen“ verstehen.

Beugung der persönlichen Fürwörter

Im Polnischen gibt es verschiedene Möglichkeiten, die persönlichen Fürwörter zu beugen („mir/mich“, „dir/dich“ usw.).

Entscheidend ist, ob das Wort einem Tätigkeitswort bzw. einem Verhältniswort folgt oder ob es betont werden soll. Die nun folgenden Tabellen sollen Sie nicht gleich auswendig lernen. Es ist jedoch wichtig, erkennen zu können, dass z. B. cię sowie ciebie „dich“ heißt, oder ją bzw. nią „sie“. Anschließend folgen einige Beispiele zur Anwendung

1. und 2. Person Einzahl (ich/wir, du/ihr)

Der Genitiv und Akkusativ sind jeweils identisch!

	ja	ich
Gen	**mnie**	mich
Dat	**mi, mnie***	mir
Akk	**mnie**	mich
Instr	**(ze) mną**	(mit) mir
Lok	**(o) mnie**	(über) mich

*Die * kennzeichnen die Betonungsform.*

	my	wir
Gen	**nas**	uns
Dat	**nam**	(zu) uns
Akk	**nas**	uns
Instr	**(z) nami**	(mit) uns
Lok	**(o) nas**	(über) uns

	ty	du
Gen	**cię, ciebie***	dich
Dat	**ci, tobie***	dir
Akk	**cię, ciebie***	dich
Instr	**(z) tobą**	(mit) dir
Lok	**(o) tobie**	(über) dich

	wy	ihr
Gen	**was**	euch
Dat	**wam**	(zu) euch
Akk	**was**	euch
Instr	**(z) wami**	(mit) euch
Lok	**(o) was**	(über) euch

Chciałbyś iść z nami?
htzjaubęch ichdch s namji
möchtest-du(m) gehen mit uns
Möchtest du mit uns mit?

Zna mnie (a) nie ciebie.
sna mnjä (a) njä tzjäbjä
kennt mich (und) nicht dich
Mich kennt er/sie, nicht dich.

Daj mi gazetę.
daj mji gasätä
gib-du mir Zeitung(Gen)
Gib mal die Zeitung.

Książka jest dla was.
kchjonshka jäßt dla waß
Buch ist für euch
Das Buch ist für euch.

Kocham cię.
koham tzjä
liebe-ich dich
Ich liebe dich.

Mówiliśmy o tobie.
muwjiljichmę o tobjä
sprachen-wir über dich
Wir haben über dich gesprochen.

3. Person Einzahl (er/sie/es)

Hier gibt es jeweils drei verschiedene Formen: eine, die nach einem Tätigkeitswort steht (abgekürzt „Tätigk."), die zweite ist die betonte Form, die letzte steht nach einem Verhältniswort (abgekürzt „Verh.").

	Tätigk.	betont	Verh.	
on (er)				
Gen	**go**	**jego**	**niego**	ihn
Dat	**mu**	**jemu**	**niemu**	ihm
Akk	**go**	**jego**	**niego**	ihn
Instr	**nim**	–	**nim**	ihm
Lok	–	–	**nim**	ihn
ona (sie)				
Gen	**jej**	**jej**	**niej**	sie
Dat	**jij**	**jej**	**niej**	ihr
Akk	**ją**	**ją**	**nią**	sie
Instr	**nią**	**nią**	**nią**	ihr
Lok	–	–	**niej**	sie
ono (es)				
Gen	**go**	**go**	**niego**	es
Dat	**mu**	**mu**	**niemu**	ihm
Akk	**je**	**je**	**nie**	es
Instr	**nim**	**nim**	**nim**	ihm
Lok	–	–	**nim**	es

Dałem mu ten list.
dauäm mu tän ljißt
gab-ich(m) ihm diesen Brief
Ich habe ihm diesen Brief gegeben.

Jemu dałem (a) nie jej.
jämu dauäm (a) njä jäj
ihm gab-ich(m) (und) nicht ihr
Ihm habe ich den Brief gegeben (und) ihr nicht.

Nie widziałam go wczoraj.
njä wjidsjauam go ftschoraj
nicht sah-ich(w) ihn gestern
Gestern habe ich ihn nicht gesehen.

Jego nie lubię, ją lubię.
jägo njä lubjä, jo lubjä
ihn nicht mag-ich, sie mag-ich
Den mag ich nicht, sie aber.

3. Person Mehrzahl (sie)

Für die 3. Person Mehrzahl gibt es lediglich Formen, die nach einem Tätigkeitswort (hier abgekürzt mit „Tätigk.“) oder nach einem Verhältniswort („Verh.“) stehen.

Die Formen für männliche Personen (oni) sind identisch mit den Formen für alle anderen Personen/Dinge (one). Lediglich im Akkusativ weichen sie für one ab, sie stehen hier nach dem Schrägstrich.

	Tätigk.	**Verh.**	
oni/one (sie)			
Gen.	**ich**	**nich**	sie
Dat.	**im**	**nim**	ihnen
Akk.	**ich/je**	**nich/nie**	sie
Instr.	**nimi**	**nimi**	ihnen
Lok.	–	**nich**	sie

Widzę ich.
wjidsä ih
sehe-ich(m/w) sie(m)
Ich sehe sie.

Widzę je.
wjidsä jä
sehe-ich(m/w) sie(-alle)
Ich sehe sie.

Szedłem z nimi.
schäduäm s njimji
ging-ich(m) mit ihnen
Ich bin mit ihnen gegangen.

Zum Schluss dieses Kapitels sei noch folgendes vermerkt: Die höfliche Anredeform „Sie" pan („der Herr") bzw. pani („die Dame") werden genauso wie die persönlichen Fürwörter gebeugt. Hier nur ein Beispiel:

Proszę pana/pani.
proschä panna/panji
bitte-ich Herrn/Dame(Akk)
Entschuldigen Sie, bitte.

Zahlen & Zählen

Bei den meisten Sprachen verschafft das Kapitel über Zahlen ein bisschen Erleichterung. Man muss zwar pauken, aber wenigstens ist das System klar.

Das polnische Zahlensystem hält einige Überraschungen bereit.

0	**zero**	säro
1	**jeden**	jädän
2	**dwa**	dwa
3	**trzy**	tshę
4	**cztery**	tschtärę
5	**pięć**	pjändch
6	**sześć**	schächdch
7	**siedem**	chjädäm
8	**osiem**	ochjäm
9	**dziewięć**	dsjäwjändch
10	**dziesięć**	dsjächjändch

Die Zahlen 11 bis 19 werden mittels Einer plus -naście gebildet, wobei die Zahlen 4, 5, 6 und 9 leicht verändert werden.

11	**jedenaście**	jädänachtzjä
12	**dwanaście**	dwanachtzjä
13	**trzynaście**	tshęnachtzjä
14	**czternaście**	tschtärnachtzjä
15	**piętnaście**	pjäntnachtzjä
16	**szesnaście**	schäßnachtzjä
17	**siedemnaście**	chjädämnachtzjä
18	**osiemnaście**	ochjämnachtzjä
19	**dziewiętnaście**	dsjäwjätnachtzjä

Die Zehner und Hunderter werden sehr viel komplizierter als im Deutschen gebildet. Auf Deutsch sagt man ganz einfach „einhundert", „zweihundert" usw. Für „hundert" benutzen dagegen die Polen vier verschiedene Formen. Bei den Zehnern gibt es eine ähnliche Vielfalt. Schuld hieran sind die Anforderungen der Lautharmonie, aber vor allem die Tatsache, dass auch die Zahlen gebeugt werden. Doch dazu später.

20	**dwadzieścia**	dwadsjächdcha
30	**trzydzieści**	tshędsjächtzji
40	**czterdzieści**	tschtärdsjächtzji
50	**pięćdziesiąt**	pjändchdsjächont
60	**sześćdziesiąt**	schächdchdsjächont
70	**siedemdziesiąt**	chjädämdsjächont
80	**osiemdziesiąt**	ochjämdsjächont
90	**dziewięćdziesiąt**	dsjäwjändchdsjächont

100	**sto**	ßto
200	**dwieście**	dwjächtzjä
300	**trzysta**	tsheßta
400	**czterysta**	tschtäreßta
500	**pięćset**	pjändchßät
600	**sześćset**	schächdchßät
700	**siedemset**	chjädämßät
800	**osiemset**	ochjämßät
900	**dziewięćset**	dsjäwjändchßät

1.000	**tysiąc**	tęchontz
1.000.000	**milion**	mjiljonn

Nun eine weitere Schwierigkeit: Je nach Geschlecht des dazugehörigen Hauptwortes haben jeden und dwa verschiedene Formen:

m	**jeden**	jädän	**dwa**	dwa
w	**jedna**	jädna	**dwie**	dwjä
s	**jedno**	jädno	**dwa**	dwa

jeden złoty
ein Zloty

dwie gazety
zwei Zeitungen

Die oben angegebenen Formen gelten aber nur für Gegenstände. Für männliche Personen gibt es noch andere, z. B.

dwaj chłopcy (m)
dwaj huoptzę
zwei Jungen

dwoje dzieci (s)
dwoje dsjätzji
zwei Kinder

Reihenfolge zusammengesetzter Zahlen

Zahlen setzt man wie folgt zusammen:

Tausender – Hunderter – Zehner – Einer

25	**dwadzieścia pięć**
694	**sześćset dziewięćdziesiąt cztery**
3.278	**trzy tysiące dwieście siedemdziesiąt osiem**

Steht eine Zahl zusammen mit einem Hauptwort, gilt: 1 sowie 2–4 (auch 22–24, 32–34 usw.) verlangen keinen besonderen Fall (also Nominativ wie im Deutschen).

To są dwa polskie miasta.
to so dwa polßkjä mjaßta
Das sind zwei polnische Städte.

To są dwadzieścia dwa polskie miasta.
to so dwadsjächdcha dwa polßkjä mjaßta
Das sind zweiundzwanzig polnische Städte.

Ab 5 bis 21, 25 bis 31, 35 bis 41 usw. wird im Polnischen der Genitiv verlangt, weil die Zahlen nun als „Kollektiv" betrachtet werden.

To jest pięć polskich miast.
to jäßt pjändch polßjikih mjaßt
das ist fünf polnisch(Gen) Städte(Gen)
Das sind fünf polnische Städte.

To jest dwadzieścia pięć polskich miast.
to jäßt dwadsjächdcha pjändch polßkjih mjaßt
das ist 20 fünf polnisch(Gen) Städte(Gen)
Das sind fünfundzwanzig polnische Städte.

Übrigens: miast *ist die Genitiv-Mehrzahl von* miasto. *Den Genitiv Mehrzahl kann man bilden, indem man die Endung einfach weglässt.*

Ordnungszahlen

pierwszy	pjärwschę	erster
drugi	drugji	zweiter
trzeci	tЗhätzji	dritter
czwarty	tschwartę	vierter
piąty	pjontę	fünfter
szósty	schußtę	sechster
siódmy	chudmę	siebter
ósmy	ußmę	achter
dziewiąty	dsjäwjontę	neunter
dziesiąty	dsjächjontę	zehnter

Die Ordnungszahlen verhalten sich wie Eigenschaftswörter

Wie Eigenschaftswörter stimmen die Ordnungszahlen mit dem Hauptwort, auf das sie sich beziehen, überein:

To jest moja trzecia wizyta.
to jäßt mojja tshjätzjia wjisęta
das ist mein dritter Besuch
Es ist mein dritter Besuch.

Zeit & Datum

Auch in diesem Kapitel kommt man nicht ohne gebeugte Zahlen aus.

Uhrzeit

Która godzina?
ktura godsjina
welche Stunde
Wie spät ist es?

Która jest godzina?
ktura jäßt godsjina
welche ist Stunde
Wie spät ist es?

Die Stunden werden mit Ordinal-, die Minuten mit Grundzahlen ausgedrückt: czwarta bzw. szesnasta (godzina entfällt meistens):

pięć (minut) po czwartej
pjändch (mjinut) po tschwartäj
fünf (Minuten) nach vierte(Lok)
4.05 Uhr bzw. 16.05 Uhr

wpół do szóstej
wpuu do schußtäj
halb zu sechs
17.30 Uhr (wie im Deutschen)

Datum

Którego jest dzisiaj?
kturägo jäßt dsjichjaj
Welches Datum haben wir heute?

Man kann auch anders formulieren:

Którego mamy dzisiaj?
kturägo mamę dsjichjaj
Welches Datum haben wir heute?

Die Datumsangabe erfolgt wie im Deutschen mit einer Ordnungszahl.

pierwszy marzek
pjärwschę maschätz
1. März

dwutysięczny pierwszy rok
dwu tęchontschnę pjiärwschę rock
zwei tausend erster Jahr
2001

rok (Ez)	rock	Jahr
lata (Mz)	latta	Jahre

Feiertage in Polen

Nowy Rok	Neujahrstag
Wielkanoc	Ostern
1ego maja	Tag der Arbeit (1.5.)
3ego maja Konstytucja	Verfassungstag (3.5.1791)
Boże Ciało	Fronleichnam
Wniebowstąpienie Najświętszej Maryi Panny	Mariä Himmelfahrt (15.8.)
Wszystkich S£więtych	Allerheiligen (1.11.)
Wigilia	Heiligabend
Pierwszy i drugi dzień Swiąt / Boże Narodenie 1 i 2 dzień	1. u. 2. Weihnachts-feiertag

Frohe Ostern!
Wesołych Świąt Wielkanocnych!

Frohe Weihnachten!
Bożego Narodzenia!

Herzlichen Glückwunsch zum Geburtstag!
Najlepsze życzenia urodzinowe!

Herzlichen Glückwunsch (zum Geburtstag)!
Życzenia wszystkiego najlepszego (z okazji urodzin)

Abgeschafft wurde:

22 (Dwudziesty Drugi) Lipca	Staatlicher Feiertag der Befreiung Polens 1944 (22.7.)

Jahreszeiten (pory roku)

wiosna	wjoßna	Frühling
lato	latto	Sommer
jesień	jächjänj	Herbst
zima	schima	Winter

Wenn man formulieren will „um Frühling/Sommer ...“, muss man die entsprechende Jahreszeit im Instrumental beugen.

wiosną	*Frühling(Instr)*	im Frühling
latem	*Sommer(Instr)*	im Sommer
jesienią	*Herbst(Instr)*	im Herbst
zimą	*Winter(Instr)*	im Winter

Tageszeiten (pory dnia)

ranek	ranäck	Morgen
południe	poudnjä	Mittag
popołudnie	poppoudnjä	Nachmittag
wieczór	wjätschur	Abend
noc	notz	Nacht

Monate (miesiące)

styczeń	ßtętschänj	Januar
luty	lutę	Februar
marzec	mashätz	März
kwiecień	kwjätzjänj	April
maj	maj	Mai
czerwiec	tschärwjätz	Juni
lipiec	ljipjätz	Juli
sierpień	chärpjänj	August
wrzesień	wshächjänj	September
październik	pashdsjärnik	Oktober
listopad	ljißtoppad	November
grudzień	grudsjänj	Dezember

Für die Formulierung „im Januar/Februar ..." usw. wird diesmal das Verhältniswort w/we benötigt und der Monatsname im Lokativ gebeugt.

w styczniu	im Januar
w lutym	im Februar
w marcu	im März
w kwietniu	im April
w maju	im Mai
w czerwcu	im Juni
w lipcu	im Juli
w sierpniu	im August
we wrześniu	im September
w październiku	im Oktober
w listopadzie	im November
w grudniu	im Dezember

Wochentage (dni tygodnia)

poniedziałek	ponjädsjauäk	Montag
wtorek	wtorräk	Dienstag
środa	chrodda	Mittwoch
czwartek	tschwartäk	Donnerstg
piątek	pjontäk	Freitag
sobota	ßobbotta	Samstag
niedziela	njädsjäla	Sonntag

w poniedziałek	am Montag
we wtorek	am Dienstag
w środę	am Mittwoch
w czwartek	am Donnerstag
w piątek	am Freitag
w sobotę	am Samstag
w niedzielę	am Sonntag

Zeit (czas)

godzina godsjina	Stunde
minuta mjinuta	Minute
dzień (Mz **dni**) dsjänj (dnji)	Tag
tydzień (Mz **tygodnie**) tędsjänj (tięgodnjä)	Woche
rok (Mz **lata**) rock (latta)	Jahr
rano rano	morgens
w południe w poudnjä	mittags
po południu po poudnju	nachmittags
wieczorem wjätschoräm	abendsrock (lata)
nocą (w nocy) notzo (w notzę)	nachts
wczoraj ftschoraj	gestern
dzisiaj, dziś dsjichjaj, dsjich	heute
jutro jutro	morgen
pojutrze pojjutshä	übermorgen
do jutra do jutra	bis morgen

dwa dni temu dwa dnji tämu	vor zwei Tagen
już jush	schon
jeszcze jäschtschä	noch
jeszcze nie jäschtschä njä	noch nicht
czasem tschaßäm	manchmal
zawsze sawschä	immer
natychmiast natęhmjaßt	sofort
zaraz saras	gleich
w porę w porrä	rechtzeitig
późno pushno	spät
nagle nagle	plötzlich

brauch und Kriminalität zu kämpfen hat, kommen auch der Kirche neue Aufgaben zu. Will sie sich auch weiterhin Gehör verschaffen, wird sie es wohl nicht bei ihren bisherigen Aussagen belassen können.

Bóg bug	Gott
kościół katolicki kochtzuu katoljitzki	katholische Kirche

Glaube
wiara (w)

glauben (an Gott)
wierzyć

kościoł protestanckl kochtzuu prottäßtantzki	evangelische Kirche
synagoga ßęnagogga	Synagoge
papież papjäsh	Papst
wierny wjärnę	Gläubiger (wörtl.: treu)
innowierca innowjärtza	Andersgläubige(r)
wyznanie węsnanjä	Bekenntnis
nabożeństwo naboshänjstwo	Gottesdienst
msza mscha	Messe
ołtarz outash	Altar
święty chwjäntę	heilig; Sankt ...
przyjąć chrzest pshęjondch hschäßt	sich taufen lassen
pielgrzymka pjälgshęmka	Wallfahrt
ksiądz kchontz	Priester
świeca chwjätza	Kerze
naród narud	Volk, Nation
przydrożna kapliczka pshędroshna kapljitschka	Straßenkapelle

Anrede & Begrüßung

Die höfliche Anredeform ist im Polnischen anders als im modernen Deutsch (siehe „Persönliche Fürwörter"). In der Anrede sagt man statt des Fürworts „Sie" pan (Herr) bzw. pani (Frau, Dame). Auch im Deutschen ist diese Konstruktion immer noch nicht ganz ausgestorben, z. B.: „Was wünscht der Herr / die Dame?" beim Einkaufen.

Sonst ist der Usus im Polnischen relativ unproblematisch. Im Grunde entsprechen ty und wy dem Deutschen „du" bzw. „ihr". Geduzt wird wie im Deutschen. Da können Sie sich also auf Ihr Gefühl verlassen.

Begrüßung

Dzień dobry.
dsjänj dobrę
Tag guter
Guten Tag/Morgen.

Jak się pan/pani ma?
jak chjä pan/panji ma
wie sich Herr/Dame hat
Wie geht es Ihnen?

Jak leci?
jak lätzjı
wie fliegt
Wie geht's?

Bardzo dobrze, dziękuję.
bardso dobshä, dsjänkujä
sehr gut, danke
Sehr gut, danke.

Dobry wieczór.
dobrę wjätschur
guter Abend
Guten Abend.

Dobranoc.
dobranotz
gute-Nacht
Gute Nacht.

Cześć! / Hej!
tschächdch / hej
adieu / hallo
Tschüss! / Hallo!

Do widzenia.
do wjidsänja
bis Sehens
Auf Wiedersehen.

Man hört aber auch Do zobaczenia! („do sobatschänjia“). Das ist von zobaczyć (sehen) im vollendeten Aspekt abgeleitet. Der unvollendete Aspekt heißt widzieć.

Höflichkeiten

Proszę (bitte) heißt wörtlich „ich bitte", da es die 1. Person Ez von prosić (bitten) ist.

Proszę pani(ą), gdzie jest dworzec?
proschä panji, gdsjä jäßt dwoshätz
bitte Dame(Gen), wo ist Bahnhof
Können Sie mir bitte sagen, wo der Bhf. ist?

Proszę *kann eine Frage oder eine Aufforderung einleiten.*

Proszę pana!
proschä panna
bitte-ich Herr(Gen)
Kommen Sie bitte herein!

Przepraszam.
pshäprascham
bitte-um-Verzeihung
Verzeihen Sie, bitte.

Czy może mi pan pokazać ...?
tschę moshä mji pan pockasadch
? kann mir Herr/Dame zeigen
Können Sie mir bitte zeigen ...?

Czy może mi pan/pani powiedzieć gdzie jest muzeum?
tschę moshä mji pan/panji powjädsjädch gdsjä jäßt musäum
? kann mir Herr/Dame sagen wo ist Museum
Können Sie mir bitte sagen, wo das Museum ist?

Czy można zapalić?
tschę moshna sapaljidch
? man-darf rauchen
Darf man rauchen?

Proszę bardzo.
proschä bardso
bitte-ich sehr
Bitte sehr.

Verständigung

Falls es mit der Verständigung mal doch nicht so gut klappt, findet man hier die richtigen Fragen.

Statt niemiecku *kann man auch die anderen Sprachen aus der Liste einsetzen.*

Czy pan/pani mówi po niemiecku?
tschę pan/panji muwji po njämjätzku
? Herr/Dame spricht auf Deutsch(Lok)
Sprechen Sie Deutsch?

angielsku angjälßku	*Englisch(Lok)*	Englisch
francusku frantzußku	*Französisch(Lok)*	Französisch

Rozumiem.
rosumjäm
verstehe-ich
Ich verstehe.

Nie rozumiem.
njä rosumjäm
nicht verstehe-ich
Ich verstehe nicht.

Już wiem.
jush wjäm
schon weiß-ich
Ich weiß schon.

Nic nie rozumiem.
njitz njä rosumjäm
nichts nicht verstehe-ich
Ich verstehe nichts.

Co to znaczy po niemiecku?
tzo to snatschę po njämjätzku
was das bedeutet auf Deutsch(Lok)
Was bedeutet das auf Deutsch?

Proszę mówić trochę wolniej.
proschä muwjidch trohä wolnjäj
bitte-ich sprechen etwas langsamer
Würden Sie bitte langsam sprechen?

Das erste Gespräch

Ein erstes Gespräch könnte etwa wie folgt dargestellt verlaufen.

To jest pani Byjoś.
to jäßt panji bęjoch
das ist Frau Byjos
Ich darf Ihnen Frau Byjos vorstellen.

To jest Anna.
to jäßt anna
das ist Anna
Das ist (die) Anna.

Nazywam się Robert.
nasęwam chjä robbert
nenne mich Robert
Ich heiße Robert.

Jestem ...
jäßtäm
bin-ich
Ich bin ...

Miło mi.
mjiuo mji
nett mir
Freut mich.

Czy jest pan/pani tu po raz pierwszy?
tschę jäßt pan/panji tu po ras pjarwschę
? ist Herr/Dame hier auf Mal erster
Sind Sie zum ersten Mal hier?

Czy pan/pani jest tu sam/sama?
tschę pan/panji jäßt tu ßam/ßama
? Herr/Dame ist hier allein(m/w)
Sind Sie alleine hier?

Amerikaner **Amerykanin**
Amerikanerin **Amerykanka**
amerikanisch **amerykański**
Engländer **Anglik**
englisch **angielski**
Franzose **Francuz**
Französin **Francuzka**
französisch **francuski**
Österreicher **Austriak**
Österreicherin **Austriaczka**
österreichisch **austriacki**
Schweizer **Szwajcar**
Schweizerin **Szwajcarka**
schweizerisch **szwajcarski**

Jestem z przyjaciółmi.
jäßtäm s pshęjatzjuumji
bin-ich mit Freunden(Instr)
Ich bin mit Freunden zusammen.

Jestem z żoną/z mężem.
jäßtäm s shonno/s mänshäm
bin-ich mit Ehefrau/mit Ehemann(Instr)
Ich bin mit meiner Frau/meinem Mann hier.

Czy panu/pani się tu podoba?
tschę panu/panji chjä tu poddoba
? Herr/Dame(Dat) sich hier gefällt
Gefällt es Ihnen hier?

Skąd pan/pani pochodzi?
ßkont pan/panji pohodsji
woher Herr/Dame stammt
Woher kommen Sie?

Jakie pan/pani ma obywatelstwo?
jakjä pan/panji ma obęwatälßtwo
welches Herr/Dame hat Staatsangehörigkeit
Welche Staatsangehörigkeit haben Sie?

Jestem z RFN
jäßtäm s är äf än
bin-ich aus BRD
Ich bin aus der BRD.

Jestem ze Szwajcarii.
jäßtäm sä schweizarji
bin-ich aus Schweiz(Gen)
Ich bin aus der Schweiz.

Jesteśmy z Austrii.
jäßtächmę s außtrji
sind-wir aus Österreich(Gen)
Wir sind aus Österreich.

Die jeweils ungebeugten Ländernamen lauten Austria und Szwajcaria. RFN (s) ist die Abkürzung für:

Republiki Federalnej Niemiec
räpubljiki fädäralnäj njämjätz
Bundesrepublik Deutschland

Jesteśmy tu na urlopie.
jäßtächmę tu na urlopjä
sind-wir hier auf Urlaub(Lok)
Wir machen hier Urlaub.

Amerika
Ameryka
England
Anglia (w)
Frankreich
Francja
Österreich
Austria (w)
Schweiz
Szwajcaria (w)

Gdzie pan/pani pracuje?
gdsjä pan/panji pratzujä
wo Herr/Dame arbeitet
Wo arbeiten Sie?

Die Berufsangabe wird im Instrumental gebeugt.

Umgangssprachlich kann das letzte Beispiel auch bedeuten: „Was sind Sie von Beruf?"

Jestem studentem/studentką.
jäßtäm ßtudäntäm/ßtudäntkom
bin-ich Student/Studentin(Instr)
Ich bin Student/Studentin.

Statt „Student/in" kann man z. B. auch einsetzen (die Berufsangaben sind jeweils wieder im Instrumental gebeugt):

nauczycielem nautschętzjäläm	Lehrer
nauczycielką nautschętzjälko	Lehrerin
robotnikiem robbotnjikjäm	Arbeiter
pracownikiem pratzownjikiäm	Angestellter

Na razie.
na rasjä
Bis später. / Tschüss!

Do jutra.
do jutra(Gen)
Bis morgen.

„Morgen" ungebeugt heißt jutro.

Anwalt
adwokat (m)
Arbeiter
robotnik (m)
Bauer
chłop (m), **rolnik** (m)
Beamter
urzędnik (m)
Direktor
dyrektor (m)
Ingenieur
inżynier (m)
Journalist
dziennikarz (m)
Koch
kucharz (m)
Lehrer
nauczyciel (m)
Lehrerin
nauczycielka (w)

Floskeln & Redewendungen

Wie in jeder Sprache gibt es auch im Polnischen Floskeln, die man einfach kennen muss, weil man sie nicht einfach nur aus dem Deutschen übersetzen kann.

Floskeln

Tak! tak	Ja(wohl)!
Owszem! owschäm	Jawohl!, Freilich!
Rzeczywiście! shätschęwjichtzjä	Wirklich!
Dobrze!, Dobra! dobshä, dobra	Gut, alles klar, okay!
Naprawdę? naprawdä	Wirklich?
Jeszcze raz! jäschtschä ras	Noch einmal!
Szkoda! schkodda	Wie schade!
Już wiem. jush wjäm	Das weiß ich schon.
Przepraszam. pshäpraschäm	Entschuldigung.

Das Tak! (ja, jawohl) wird dabei gerne oft wiederholt.

Ich glaube, dass ...
Wierzę że ...

Ich meine, dass ...
Uważam że ...

Ich hoffe, dass ...
Mam nadzieję że ...

Ich hoffe es.
Mam nadzieję.

Hoffentlich!
Zapewne!

Okay! – Prima!
Dobrze! – Prima!

Entschuldigen Sie (m/w)!
Proszę pana/pani!

Sagen Sie!
Proszę powiedzieć!

Macht nichts!
Nie szkodzi!

Das glaube ich nicht.
Tego nie wierzę.

Ich will/möchte (das) nicht.
Tego nie chcę.

Hilfe!
Ratunku!

Ich habe Angst.
Mam stracha.

Ausrufe

Mój Boże! muj boshä	Mein Gott!
Człowieku! tschuowjäku	Mensch!
Boże drogi! boshä droggji	Meine Güte!
Pech! päh	Pech!
Ależ tak! alläsh tak	(Ja) doch!
Ach! ah	Aach!
Ależ nie! alläsh njä	(Nein) doch!
Szkoda! schkodda	Schade!
Aj! aj	O je, Aua!
Ach tak! ah tak	Ach so!
Jazda, start! jasda, ßtart	Los, auf!
świństwo! chwjinjstwo	Schweinerei!
Nie! njä	Nein!

Das Wetter

Wie überall sorgt auch in Polen das Wetter immer für Gesprächsstoff:

Jaka jest pogoda?
jaka jäßt poggoda
wie ist Wetter
Wie ist das Wetter?

Pada deszcz.
pada deschtsch
fällt Regen
Es regnet.

Jaki piękny dzień!
jakji pjänknę dsjänj
welcher schöner Tag
Heute ist es sehr schön.

Jaka okropna pogoda!
jaka okropna poggoda
welche schreckliche Wetter(w)
Heute ist das Wetter schrecklich.

bewölkt
pochmurnie
klar – trüb
jasno – zaniesiony
Nebel – neblig
mgła (w) **– mglisto**
Regen – regnen
deszcz – padać
regnerisch
zapadany
sonnig
słoneczny
Sturm – stürmisch
burza (w) **– burzliwy**
Grad (Temperatur)
stopien (m)

Wohnen & Leben

Land (nicht Stadt)
rola (w)

Dorf
wieœ (w)

Stadt
miasto (s)

Hauptstadt
stolica (w)

Einwohner
mieszkaniec (m)

Haus
dom (m)

Landkarte
mapa (w)

Stadtplan
plan miasta (m)

Platz (Stadt)
plac (m)

Landwirtschaft
rolnictwo (s)

Staat
państwo (s)

Staatsangehörigkeit
obywatelstwo (s)

In Polen wurde im letzten Weltkrieg unheimlich viel zerstört, und es existiert immer noch ein großer Bedarf an Wohnungen. Der Großteil der Stadtbevölkerung wohnt in durch Wohnungsgenossenschaften (spółdzielnie mieszkaniowe) errichteten Neubauten, in denen die Wohnverhältnisse ziemlich eng sind. Polen heiraten relativ früh, und neun Monate später, oft auch früher, kommt sicher das erste Kind.

Die Familie hat großes Ansehen. Junge Leute müssen lange bei den Eltern wohnen, denn eine eigene Wohnung zu bekommen, kann Jahre dauern. So lange leben die Generationen unter einem Dach zusammen. Das kann natürlich zu Reibereien führen. Aber in dieser Gesellschaft wird praktisch keiner alleine gelassen.

In diesen „engen" Familienkreis werden Gäste spontan freundlich aufgenommen. Es wird ihnen die wunderbarste Gastfreundschaft entgegengebracht.

Was Wohnungen angeht, war die Situation auf dem Land schon immer anders als in den Städten: Privateigentum wurde verhältnismäßig großgeschrieben. Schon zu Zeiten des Sozialismus gab es sowohl Eigentumswohnungen als auch -Bauernhöfe (gospodarstwa indywidualne) neben den staatlichen „Landwirtschaftlichen Produktionsgenossenschaften“ (spółdzielnie produkcyjne), die in Polen nie so wichtig waren wie in der ehemaligen DDR.

Schon vor der Wende hatten sich viele toll eingerichtet: Überall sieht man schöne, oft deutsch anmutende Häuser.

Zu Gast sein

Die polnische Gastfreundschaft ist berühmt: Die Polen tun alles für den Gast. Es ist es in Polen nach wie vor Sitte, Gästen so oft und herzlich zu essen und trinken anzubieten, bis sich diese wirklich heftig dagegen wehren, und zwar nach folgendem Motto:

Gast
goœć (m)

Gastgeber
gospodarz (m)

Gastfreundschaft
gościnność (w)

Dziękuję, już nie dam rady.
dsjänkujä, jush njä damm radę
danke-ich, schon nicht gebe Rat
Danke, ich kann nichts mehr essen.

To jest pyszne.
to jäßt pęschnä
das ist köstlich
Das ist köstlich.

Zaraz pęknę.
saras pänknä
gleich platze-ich
Ich platze gleich.

Der Nominativ von głowie *lautet* głowa.

Już mi szumi w głowie.
jush mji schumji w guowjä
schon mir rauscht im Kopf(Lok)
Es steigt mir schon zu Kopf. (Alkohol)

Verwandtschaft

babcia, babka babtzja, babka	Oma, Großmutter
dziadek dsjadäk	Großvater
małżeństwo maushänjßtwo	Ehepaar

żona shonna	Ehefrau
mąż monsh	Ehemann
matka matka	Mutter
ojciec ojtzjätz	Vater
mamusia mamuschja	Mutti
tatuś tatuch	Vati
dziewczynka dsjäwtschęnka	Mädchen
chłopiec huopjätz	Junge
siostra/brat chjoßtra/brat	Schwester/Bruder
rodzeństwo rodsänjßtwo	Geschwister
wnuczka wnutschka	Enkelin
wnuk wnuck	Enkel
ciocia; ciotka tzjiotzja; tzjiotka	Tante; alte Tante
wuj(ek) wuj(äk)	Onkel
szwagierka schwagjärka	Schwägerin
szwagier schwagjär	Schwager

Namen

Polnische Namen bestehen aus einem imię (Vorname) und einem nazwisko (Familienname), Beispiel: Roman Polański.

Typische Endungen für polnische Familiennamen sind -ski, -cki, obwohl es natürlich auch eine Reihe von anderen Möglichkeiten gibt. Bei dieser Art von polnischen Namen wird bei weiblichen Personen das -i durch -a ersetzt, z. B. Irena Polańska.

Polnische Vornamen können in der Anredeform leicht geändert werden – den Vokativ werden einige vielleicht noch vom Lateinischen kennen. Hier einige Beispiele, wie sich Namen in der Anrede verändern können:

Ania	wird zu	**Aniu!**
Kasia	wird zu	**Kasiu!**
Staszek	wird zu	**Staszku!**

Merken Sie sich auch folgenden Ausruf:

człowiek (Mensch)	**Człowieku!** (Mensch!)

Weiterhin gibt es Kosenamen in Hülle und Fülle. Und zwar nicht nur solche, die man sich sofort herleiten kann, wie Anna: Anka, Ania, sondern auch welche, die für uns teilweise kaum mehr zu erkennen sind:

Roman	wird zu	**Romek, Romeczek**
Barbara	wird zu	**Baśka, Basia**

Essen & Trinken

Den Kellner ruft man mit proszę pana! oder kelner!, eine Kellnerin mit proszę pana!

Jestem głodny/głodna.	**Chce się mi pić.**
jäßtäm guuodnę/guuodna	htzä chjä mji pjidch
bin-ich hungrig(m/w)	*will-ich sich mir trinken*
Ich habe Hunger.	Ich habe Durst.

Beachten Sie: Im Satz „Ich habe Hunger." macht es einen Unterschied, wer spricht: Männer sagen głodny, Frauen sagen głodna.

kolacja	kollatzja	Abendessen
jeść	jächdch	essen
śniadanie	chnjadanjä	Frühstück
widelec	wjidälätz	Gabel
potrawa	potrawa	Gericht
szklanka	schklanka	Glas
główne danie	guuwnä danjä	Hauptgericht
kawa	kawa	Kaffee
łyżka	uęshka	Löffel
posiłek	pochjiuäk	Mahlzeit
nóż	nush	Messer
jadłospis	jaduoßpjiß	Speisekarte
zupa	supa	Suppe
filiżanka	fJIIJIshanka	Tasse
herbata	härbata	Tee
talerz	taläsh	Teller
pić	pjidch	trinken
przekąska	pshäkonßka	Vorspeise

Kaffee
kawa (w)

Tee
herbata (w)

mit Milch
z mlekiem (s)

mit Zucker
z cukrem (m)

Saft
sok (m)

Kakao
kakao (s)

Espresso
espresso (s)

Cappuccino
cappuccino (s)

Coca Cola
coca cola (w)

Mineralwasser
woda mineralna (w)

Salatgurke
ogórek (m)
Salat
sałata (w)
Zwiebel
cebula (w)
Gewürz
przyprawa (w)
Essig
ocet (m)
Öl (Salat-)
olej (m)
Ketchup
keczup (m)
Mayonnaise
majonez (m)
Spiegelei
jajko sadzone (s)
Rührei
jajecznica (w)
gekochtes Ei
ugotowane jajko (s)
Schinken
szynka (w)
Marmelade
marmolada (w)
Honig
miód (m)

Proszę o jadłospis/rachunek.
proschä o jaduoßpjiß/rahunäk
bitte-ich um Speisekarte/Rechnung(Akk)
Die Speisekarte/Rechnung, bitte.

Reszta dla pana/pani.
räschta dla panna/panji
Rest für Herrn/Dame
Stimmt so!

Smacznego!
ßmatschnägo
Guten Appetit!

masło	maßuo	Butter
chleb	hläb	Brot
ryba	ręba	Fisch
mięso	mjänßo	Fleisch
drób	drub	Geflügel
warzywa	washęwa	Gemüse
ziemniaki (Ez)	sjämnjaki	Kartoffel
kartofle (Mz)	kartoflä	Kartoffeln
ser	ßär	Käse
mleko	mläko	Milch
owoce (Mz)	owwotzä	Obst
pieprz	pjäpsh	Pfeffer
sól	ßul	Salz
kiełbasa	kjäubaßa	Wurst
cukier	zukjär	Zucker

Kohl, Sauerkraut, Kartoffeln, Kaldaunen, Pilze als Gewürze oder Füllung spielen hierbei eine wesentliche Rolle. Regionale Spezialitäten gibt es natürlich auch, z. B. wę dzony wę gorz (geräucherter Aal) an der Nordküste.

Polnische Nationalgerichte

barszcz (czerwony)	rote Rübensuppe
bigos	geschmortes Sauerkraut mit versch. Wurst- und Fleischsorten, oft mit Pilzen
barszcz ukraiński	Rote-Rüben-Suppe
krupnik	Graupensuppe mit Fleisch und Gemüse
zupa ogórkowa	Suppe aus Fleisch, sauren Gurken, Gemüse und Sahne
zupa grzybowa	Pilzsuppe
chłodnik	kalte, erfrischende Suppe aus saurer Milch mit Gemüse
żur(ek)	saure Mehlsuppe
flaki	gewürzte Kaldaunen
kartoflanka	Kartoffelsuppe
kapuśniak	Sauerkrautsuppe mit Fleisch
gulasz	Gulasch
sznycel	Schnitzel
kotlet mielony	Frikadelle
befsztyk	Beefsteak
szaszłyk	Schaschlik
kiełbasa na gorąco	heiße Wurst (gebrüht)
pierogi	gefullte Teigtäschchen
naleśniki	Eierkuchen
grzyby duszone	gedünstete Pilze
pieczarki w śmietanie	Champignons mit Sahne

Die polnische Gastronomie ist von den Nachbarländern sehr beeinflusst worden, d. h. Deutschland, Russland und dem ehemaligen Österreich-Ungarn.

Nachspeise
deser (m)

Kuchen
ciasto (s)

Torte
tort (m)

Pudding
budyń (m)

Gebäck
ciastka (s Mz)

Keks
ciastko

Bonbon
cukierek (m)

Kaugummi
guma do żucia (w)

Einkaufen

Seit der Wende hat sich die Situation in Polen völlig verändert. Mittlerweile verkaufen westlich orientierte Läden mit teilweise grellen Fassaden so ziemlich alles, was man auch zu Hause finden kann (darunter auch eine Menge deutscher Erzeugnisse). Trotzdem wird das polnische Straßenbild immer noch von den fliegenden Händlern und alten Bauernfrauen geprägt, die ein buntes Allerlei an Obst, Gemüse und Trödelkram feilbieten.

Die wenigsten kommen mit ihrem Monatsgehalt über die Runden, ohne etwas dazuzuverdienen. Und seit dem Abgang „der Partei“ und der Verschärfung der Unterschiede zwischen Arm und Reich haben es viele, besonders die Rentner, noch schwerer.

Ironischerweise war es schon immer so, dass die Polen im Alltagsleben doch viel „kapitalistischer“ denken mussten als die Menschen im reichen Westeuropa. Wohl gerade deshalb haben alle auch ein erstaunlich scharfes Auge für Preisrelationen und Tauschwerte.

Obwohl die Wirtschaft Polens der so genannten internationalen Wirtschaftsordnung inzwischen völlig offen steht, sind viele Polen tatsächlich schlicht und ergreifend noch zu arm, um daran teilhaben zu können. Aus diesem Grund hat auch der Straßenhandel nach wie vor eine große Bedeutung.

Ladenbezeichnungen

piekarnia pjäkarnja	Bäckerei
księgarnia kchjängarnja	Buchhandlung
fryzjer fręsjär	Frisör
dom towarowy domm towarowę	Kaufhaus
cukiernia tzukjärnja	Konditorei
sklep ßkläp	Laden
nabiał nabjau	Milchprodukte
szewc schäwtz	Schuster
Super-Sam ßuper-ßam	Supermarkt
pralnia pralnja	Wäscherei

In den Zentren der Städte haben viele Supermärkte sieben Tage in der Woche rund um die Uhr geöffnet. Die meisten Läden schließen jedoch meist zwischen 18 und 20 Uhr.

Remanent! rämanänt	Inventur!
Remont! rämont	Renovierung!

Gdzie jest najbliższa księgarnia?
gdsjä jäßt najbljishscha kchjängarnja
wo ist am-nächste Buchhandlung
Wo ist die nächste Buchhandlung?

Hier die höfliche Formulierung, wenn man um Hilfe bitten möchte:

Proszę pana/pani!
proschä panna/panji
bitte-ich Herrn/Dame(Akk)
Würden Sie mir bitte helfen?

Słucham pana/pani!
suuham panna/panji
höre-ich Herrn/Dame(Akk)
Kann ich Ihnen helfen?

Czy jest mleko?
tschę jäßt mläko
? ist Milch
Haben Sie Milch?

Nie ma mleka.
njä ma mläka
nicht hat Milch(Gen)
Es gibt keine Milch.

Czy są jajka?
tschę ßo jajka
? sind Eier
Haben Sie Eier?

Gdzie można kupić chleb?
gdsjä moshna kupjidch hläb
wo man-darf kaufen Brot
Wo kann ich Brot kaufen?

Ile to kosztuje?
ilä to koschtujä
wieviel das kostet
Wie viel kostet das?

Ile płacę?
ilä puuatzä
wieviel zahle-ich
Was muss ich zahlen?

Wenn man den Preis nicht verstanden hat, bitten Sie darum, ihn aufzuschreiben.

Nie rozumiem, proszę mi to napisać.
njä rosumjäm, proschä mji to napjißadch
nicht verstehe-ich, bitte-ich mir das aufschreiben
Ich verstehe nicht, schreiben Sie es bitte auf.

Mengenangaben

gram gramm	Gramm
deko däcko	10 Gramm
kilo(gram) kjilo(gramm)	Kilo
pół kilo puu kjilo	halbes Kilo
litr ljitr	Liter
pół litra puu ljitra	halber Liter
sztuka schtucka	Stück
pół chleba puu hläba	halbes Brot
połowa pouowa	Hälfte

Als nächstes eine kleine Einkaufsliste. Gucken Sie auch noch mal ins Kapitel „Essen & Trinken“, dort stehen auch bereits einige Waren.

Einkaufen

Einkaufsliste

pieczywo pjätschęwo	Backwaren
bułki (Mz) buuki	Brötchen
lody loddę	Eis
śmietana chmjätana	Sahne
ciasto (Ez) tzjaßto	Kuchen
ciastka (Mz) tzjaßtka	Kekse
tort tort	Torte
jajka jajka	Eier
mięso mjänßo	Fleisch
woda (mineralna) wodda (mjinäralna)	(Mineral-)Wasser
piwo pjiwo	Bier
wino wjino	Wein
książka kchjonshka	Buch
plan miasta plan mjaßta	Stadtplan
kaseta kaßäta	Kassette
kompakt kompakt	CD

Übernachten

Wenn man nicht vorhat, sich in den internationalen Hotels aufzuhalten, gibt es auch andere Möglichkeiten, beispielsweise Jugendherbergen (PTTK), im Sommer häufig in Schulgebäuden untergebracht, Studentenhotels (Armatur), wo man nicht im Voraus zu buchen braucht, sowie pensjonaty (Pensionen). An der Küste und in den Berggebieten sieht man Schilder mit pokój (Zimmer frei).

hotel	hotäl	Hotel
bagaż	bagash	Gepäck
klucz	klutsch	Schlüssel
piętro	pjäntro	Etage
łazienka	uasjänka	Badezimmer
prysznic	pręschnjitz	Dusche
łóżko	uushko	Bett
światło	schwjatuo	Licht

Bett
łóżko (s)
Kinderbett
łóżeczko (s)
Bettzeug
pościel (w)
Einzelzimmer
pokój pojedynczy (m)
Doppelzimmer
pokój dwuosobowy

Będziemy tylko jedą dobę.
bändsjämę tęlko jädno dobbä
werden-wir nur eine 24-Stunden(Akk)
Nur eine Übernachtung, bitte.

Der Nominativ von dobę lautet doba.

Pokój nie podoba mi się.
pockuj njä poddobba mji chjä
Zimmer nicht gefällt mir sich
Das Zimmer gefällt mir nicht.

Übrigens heißt pokój *nicht nur „Zimmer", sondern auch „Frieden".*

Kiedy jest śniadanie?
kjädę jäßt chnjadanjä
wann ist Frühstück
Wann gibt es Frühstück?

Es ist in Polen selten, dass das Frühstück im Übernachtungspreis enthalten ist, wenn man von den großen internationalen Hotels absieht.

Proszę nas obudzić jutro rano o godzinie szóstej.
proschä naß obudsjidch jutro rano o godsjinjä schußtäj
bitte-ich uns wecken morgen früh um Uhr sechster
Wecken Sie uns bitte morgen früh um sechs.

Camping

Wildcampen ist verboten. Beachten Sie auch folgendes Hinweisschild:

Camping Wzbroniony!
Camping verboten!

Unter Umständen kann man natürlich auch Einheimische fragen:

Czy możemy tu rozbić namiot?
tschę moshämę tu rosbidch namjott
? können-wir hier aufschlagen Zelt
Dürfen wir hier unser Zelt aufschlagen?

Czy jest tu woda do picia?
tschę jäßt tu wodda do pitzja
? ist hier Wasser zum Trinken
Gibt es hier Trinkwasser?

Camping(platz)
camping (m)
Campingbus
autobus kampingowy
Fahrradtour
przejazdka rowerowa (w)
Gummihammer
młotek gumowy (m)
Hering
kołek namiotowy (m)
Waschhaus
umywalnia (w)

Einen offiziellen Campingplatz zu finden, sollte aber nicht allzu schwierig sein, denn es gibt über 200 fast überall im Land, besonders im Norden und an der Küste. Alle verfügen über Strom und fließend Wasser usw. Auch ist die Ankunft zu jeder Uhrzeit möglich, weil sie rund um die Uhr geöffnet haben.

Möchte man eine Fahrradtour in Polen machen, so wäre Camping genau das Richtige. Inzwischen gibt es einige Firmen (auch ausländische), die Fahrradtouren anbieten.

Unterwegs

Zur Orientierung hier zunächst die wichtigsten Fragen:

Jak daleko jest do Puław?
jak daläko jäßt do puuaw
wie weit ist nach Pulawy(Gen)
Wie weit ist es nach Pulawy?

Der Nominativ von miasta *lautet* miasto.

Jak się dostać do miasta?
jak chjä doßtadch do mjaßta
wie sich bekommen nach Stadt(Gen)
Wie kommt man in die Stadt?

Richtungshinweise

na lewo na läwo	nach links
na prawo na prawo	nach rechts
prosto proßto	geradeaus
ulica uljitza	Straße (in der Stadt)
droga drogga	Straße, Weg
daleko daläko	weit
blisko/niedaleko blißko/njädaläko	nah, nicht weit

in der Stadt

To jest bardzo piękne.
to jäßt bardso pjänknä
das ist sehr schön
Das ist sehr schön.

Chcę się przejść po mieście.
htzä chjä pshäjchdch po mjächtzjä
will-ich mich durchgehen auf Stadt(Lok)
Ich will einen Stadtbummel machen.

Czy jest zniżka dla studentów?
tschę jäßt snjishka dla ßtudäntuw
? ist Ermäßigung für Studenten(Gen,Mz)
Gibt es eine Ermäßigung für Studenten?

Co warto zobaczyć:
Was sehenswert ist:

plan miasta	Stadtplan
galeria sztuki	Kunstgalerie
muzeum	Museum
pomnik	Denkmal
zamek	Burg, Schloss
katedra	Dom
kościoł	Kirche
targ	Markt (Handel)
osobliwości	Sehenswürdigkeiten
park	Park
wystawa	Ausstellung
budynek	Gebäude
pałac	Palast

ratusz	Rathaus
sztuka	Kunst
rynek	Markt (Platz)
Sejm	Polnisches Parlament
budynek Sejmu	Parlamentsgebäude

Der Pałac Kultury (i Nauki), Kulturpalast (und Wissenschaft), ist ein Geschenk der UdSSR und prägt das Warschauer Stadtbild. Stare miasto (Altstadt) bezeichnet die Warschauer Altstadt und ist besonders schön und berühmt.

Wenn Sie unsicher sind, ob Sie fotografieren dürfen, sollten Sie fragen:

Czy można tu fotografować?
tschę moshna tu fotografowadch
? man-darf hier fotografieren
Darf man hier fotografieren?

mit städtischen Verkerhrsmitteln

Bus (autobus), O-Bus (trolejbus) und Straßenbahn (tramwaj) sind billig, aber teurer als in der Vergangenheit. Jechać na gapę („jähadch na gappä" schwarzfahren) sollte man deshalb aber nicht. Fahrkarten für Bus und Straßenbahnen löst man an einem der Ruch-Kiosk, die in polnischen Städten überall zu finden sind.

przystanek autobusowy pshęßtanäk autobußowę	Bushaltestelle
przystanek tramwajowy pshęßtanäk tramwajowę	Straßenbahn-haltestelle
dworzec autobusowy dwoshätz autobußowę	Busbahnhof

Da das Busnetz gut ausgebaut ist, erreicht man mit dem Bus praktisch jede Bestimmung.

kasa autobusów dalekobieżnych
kaßa autobußuf daläkobjäshnęh
Fernbusfahrkartenschalter

Proszę bilet do Lublina.
proschä bjilät do lubljina
bitte-ich Fahrkarte nach Lublin(Gen)
Eine Fahrkarte nach Lublin, bitte.

Städte und andere Ziele, die in diesen Satz eingesetzt werden, müssen im Genitiv gebeugt werden, z. B.:

Gdańska gdanjßka	*Danzig(Gen)*	Danzig
Poznania posnanja	*Posen(Gen)*	Posen

mit der Eisenbahn

Es gibt in Polen drei Kategorien: den pociąg ekspresowy (D-Zug), und den pociąg pośpieszny (Schnellzug), beides mit einer 1. und einer 2. Klasse, sowie den pociąg osobowy (Bummelzug). Mit dem letztgenannten kann man durchaus erleben, dass Bäuerinnen samt Hühnern einsteigen.

Die Fahrkarten für den D-Zug müssen im Voraus gekauft werden.

Für Bahnreisen ist es wichtig, eine Platzkarte (miejscówka) zu erwerben. Da es in Polen viel weniger Pkw pro Kopf als in Deutschland gibt, ist das öffentliche Verkehrssystem voll ausgelastet. Alle öffentlichen Verkehrsmittel sind für unsere Begriffe immer noch sehr preiswert.

Achtung: „Eingang" und „Ausgang" sind aufgrund des ähnlichen Namens leicht zu verwechseln!

wejście wäjchtzjä	Eingang
wyjście węjchtzjä	Ausgang
dworzec dwoshätz	Bahnhof
peron päronn	Bahnsteig
tor torr	Gleis
pociąg potzjong	Zug
wagon sypialny wagonn ßępjalnę	Schlafwagen
wagon restauracyjny wagonn räßtauratzęjnę	Speisewagen
informacja informatzja	Auskunft
rozkład jazdy roskuad jasdę	Fahrplan
przyjazd pshęjasd	Ankunft
odjazd odjasd	Abfahrt
punktualny punktualnę	pünktlich

kasa biletowa kaßa bjilätowwa	Fahrkartenschalter
pierwszej klasy pjärwschäj klaßę	erster Klasse
drugiej klasy drugjäj klaßę	zweiter Klasse
bilet bjilät	Fahrkarte
bilet powrotny bjilät powrotnę	Rückfahrkarte
miejscówka mjäjßtzuwka	Platzkarte
przesiadać pshächjadadch	umsteigen
Palenie wzbronione! palänjä wsbronjonnä	Rauchen verboten!

Proszę bilet do Zakopanego pierwszej klasy.
proschä bjilät do sakoppanägo pjärwschäj klaßę
bitte-ich Fahrkarte nach Zakopane(Gen) erster Klasse(Gen)
Eine Fahrkarte erster Klasse nach Zakopane, bitte.

Der Nominativ von Zakopanego *lautet* Zakopane.

Czy ten pociąg zatrzymuje się w Krakowie.
tschę tän potzjong satshęmujä chjä w krakowjä
? dieser Zug hält sich in Krakau(Lok)
Hält dieser Zug in Krakau?

Pociąg jest opóźniony.
potzjong jäßt opushnjonnę
Zug ist verspätet
Der Zug hat Verspätung.

mit dem Auto

Neben den üblichen Autopapieren braucht man auch die grüne Versicherungskarte (ubezpiecznie zielone „ubeßpjiätschänjä schjiälonnä").

Schilder

Koniec steht unter einem Schild, wenn dessen Geltung aufhört.

Objazd	Umleitung
Koniec	Ende
Nauka Jazdy	Fahrschule
Uwaga Budowa	Achtung Baustelle
Most	Brücke
Parking	Parkplatz

tanken

stacja benzynowa statzja bänsęnowa	Tankstelle
CPN zä pä än	Tankstelle
benzyna bänsęna	Benzin
olej napędowy olläj napändowę	Diesel
olej olläj	Öl
powietrze powjätshä	Luft

CPN *ist die Abkürzung für „Tankstelle":* **Centrala Produktów Naftowych**
zäntrala prodduktuw naftowwęh

Proszę napełnić zbiornik.
proschä napäunjidch sbjornjik
bitte-ich füllen Tank
Bitte volltanken.

Panne/Unfall

wypadek wępadäk	Unfall
awaria awarja	Panne
pęknięta dętka pänknjänta däntka	Reifenpanne
naprawić naprawjidch	reparieren
prawo jazdy prawo jasdę	Führerschein

Beachten Sie bitte: Für Autofahrer herrscht absolutes Alkoholverbot!

Samochód nie pali.
ßamohud njä palji
Auto nicht brennt
Der Wagen springt nicht an.

Popsuł mi się samochód.
popßuu mji chjä ßamohud
ging-kaputt mir sich Auto
Ich habe eine Autopanne.

Przepraszam, czy mogę zadzwonić?
pshäprascham, tschę mogä sadswonjidch
Verzeihung, ? kann-ich anrufen
Verzeihung, darf ich Ihr Telefon benutzen?

warsztat samochodowy warschtatt ßamohoddowę	Autowerkstatt
motocykl mottotzękl	Motorrad
wycieraczka (Mz **-i**) wędchjäratschka (-ji)	Scheibenwischer
akumulator akumulatorr	Batterie
hamulce hamultzä	Bremsen
hamulec ręczny hamulätz räntschnę	Handbremse
światło stopu chwjatuo ßtoppu	Bremslicht
sprzęgło ßpshänguo	Kupplung
biegi (Mz) bjägji	Getriebe
silnik chjilnjik	Motor
dziwne odgłosy dsjiwnä odguoßę	merkwürdige Geräusche
światła chwjatua	Lichter (auch: Ampel)
swiatło postojowe chwjatuo poßtojowä	Standlicht
świece (Mz) chwjätzä	Zündkerzen
koło (Mz **koła**) kouo (koua)	Rad
opony opponę	Reifen

wąż wonsh	Schlauch
chłodnica huodnjitza	Radiator
nieszczelny njäschtschälnę	undicht

per Anhalter

Insbesondere die Lkw-Fahrer sind sehr anhalterfreundlich. Viele Leute trampen, nicht nur junge Leute. Auf dem Lande habe ich es erlebt, dass alte Bäuerinnen am Dorfrand Schlange stehen, um zum nächsten Dorf zu trampen. Allerdings ist es auch üblich, dass diese „Pendler" dem Fahrer einige Złoty für seine Mühe geben.

Den früher üblichen Anhalterausweis, der Bons mit verschiedenen Entfernungen enthielt, die man dem Fahrer übergab, gibt es schon lange nicht mehr.

jechać autostopem jähadch autoßtoppäm *fahren Autostopp(Instr)*	trampen

Dokąd pan/pani jedzie?
dockond pan/panji jädsjä
wohin Herr/Dame fährt
Wohin fahren Sie?

Proszę mnie tu wysadzić.
proschä mnjä tu węßadsidch
bitte-ich mich hier aussetzen
Setzen Sie mich bitte hier ab.

mit dem Flugzeug

Lot heißt auch die polnische Fluglinie.

samolot	ßamollott	Flugzeug
lotnisko	lotnißko	Flughafen
lot	lott	Flug
przylot	pshęlott	Anflug
odlot	odlott	Abflug

Kultur, Sport & Nachtleben

In Warschau ist an jedem Ruch-Kiosk der WIK (Warszawski Informator Kulturalny) erhältlich, der informiert, was in der Stadt los ist. Diese kioski verkaufen vor allem Zeitungen (gazeta „gasäta", Mz gazety „gasätę") sowie Zeitschriften (czasopismo „tschaßopissmo", Mz czasopisma „tschaßopissma"), natürlich auch ausländische und 1001 Sache mehr.

Wörtlich heißt ruch *„Bewegung".*

Kultur

balet	Ballet
opera	Oper
sztuka	Kunst
teatr	Theater

Die polnische Plakatkunst ist weltberühmt.

Es gibt ein eigenes Museum für Plakatkunst in Wilanów, in der Nähe von Warschau.

Sportliches

wycieczka	wechchjätschka	Ausflug
jezioro	jäsjorro	See
rzeka	shäka	Fluss
morze	moshä	Meer
brzeg	bshäg	Ufer
plaża	plasha	Strand
basen	baßän	Schwimmbad
most	moßt	Brücke
pole	pollä	Feld
las	laß	Wald

Fußball (Ball/Spiel)
piłka nożna (w)
Fußball spielen
grać w piłkę nożną

drzewo	dshäwo	Baum
wieś	wjäch	Dorf
góry	gurę	Berge
śnieg	chnjäg	Schnee
pływać	puęwadch	schwimmen
żeglować	shäglowadch	segeln
łowić ryby	uowjidch rębę	angeln
wędrować	wändrowadch	wandern

jeździć na nartach
jäshdsjidch na nartah
Ski laufen

mecz piłki nożnej
mätsch pjiukji noshnäj
Fußballspiel

ausgehen

Das Wort bar kann hier ein bisschen verwirrend wirken. Bar mleczny bzw. bar przeką skowy sind einfache, preiswerte Restaurant, in denen alles Mögliche (außer Fleischgerichte) angeboten wird, meistens mit Selbstbedienung. Oft sind diese Billigrestaurants ziemlich heruntergekommen, vor allem was die Hygiene betrifft.

An der Küste sowie in den größeren Städten, in denen es viel Fremdenverkehr gibt, veranstalten große Restaurants Tanz-Abende. In Warschau und Krakau, den Kulturzentren, kann man bei Jam-Sessions in Jazz-Clubs die moderne polnische Musik kennen lernen.

In manchen Städten, vor allem in Krakau, findet man viele zauberhafte kawiarnie, Tanz-Cafés, in denen praktisch alles Trinkbare und auch Essen angeboten wird.

In der winiarnia (Weinstube) gibt es hauptsächlich Wein, in der piwiarnia hauptsächlich Bier und in der knajpa (Kneipe) alles Alkoholische gleichermaßen. Nachtklubs (klub nocny) befinden sich meist in den großen Hotels. Außerdem gibt es noch die cocktail bar. Dort gibt es Soda oder Milchshakes (so was nennt sich dann cocktail), Eiscreme (lody (Mz) „loddę") oder auch ein Stück Kuchen (kwałek ciasta „kawauäk tzjiasta). Seit der Wende sind viele neue Discos und Lokale dazugekommen.

Achtung: lód *(Ez)* „luud" *heißt nur „gefrorenes Wasser".*

Getränke (Napoje)

piwo	pjiwo	Bier
Zfywiec	shęwjätz	poln. Biermarke
wino	wjino	Wein
szampan	schampan	Sekt
miód pitny	mjud pjitnę	Met
winiak	wjinjak	Weinbrand
koniak	konjak	ausländischer Kognak

Wodka

Wódka („wutka") wird in großen Mengen konsumiert, wobei das ganze Glas auf einmal runtergekippt wird. Wodka wird oft schön kalt, nie verdünnt getrunken, obwohl man Mineralwasser (woda mineralna) dazu bestellen kann. Manchmal spült man auch mit Tee nach (erst einen Schluck Wodka, dann einen Schluck Tee).

So wie es verschiedene Sorten Schnaps gibt, ist es auch mit dem Wodka so. Da gibt es beispielsweise „klaren Wodka“ (czysta wódka), wie die Marken Wyborowa, Żytnia, „Kirschenwodka“ (Wiśniówka) und auch „Vogelbeerenwodka“ (Żubrówka).

Wichtig! Zum Wodka soll man essen. Es gilt als Unsitte, den Gästen Wodka ohne Essen anzubieten. Im Restaurant muss man zum Wodka zumindest eine kleine Vorspeise bestellen.

Einreise nach Polen

Als Deutsche/r darf man in Polen ohne Visum einreisen. Diese Entwicklung wird für diejenigen, die den unlängst abgeschaffenen Papierkrieg noch in Erinnerung haben, eine Erleichterung bedeuten. Im Zuge der Normalisierung der Beziehungen zwischen der Bundesrepublik Deutschland und der Rzeczpospolita Polska (Republik Polen, die Bezeichnung Ludowa, „Volks-", entfällt), dürfen auch polnische Staatsbürger Deutschland ohne Visum besuchen.

biuro meldunkowe	Meldeamt
zameldować się	sich anmelden
wymeldować się	sich abmelden
nazwisko	Familienname
imię	Vorname
paszport	Reisepass
formularz	Formular
podpis	Unterschrift
policja	Polizei
gospodarz	Gastgeber

Die Einführung der freien Austauschbarkeit der polnischen Währung hat die Abschaffung des alten Zwangsumtausches mit sich gebracht.

Bank, Post & Telefonieren

Gehen Sie nicht ohne weiteres davon aus, dass Sie mit Englisch oder Deutsch verstanden werden. Allerdings lernen junge Leute Deutsch (oft sogar als 1. Fremdsprache) und Englisch schon in der Schule. Falls es Ihnen weiterhilft: Ältere Menschen sprechen fast immer Russisch. Aber bitte erst fragen, bevor Sie mit einer Fremdsprache loslegen!

auf der Bank

„Geld“ wird meist in der Mehrzahlform gebraucht.

Kreditkarten werden in Großstädten akzeptiert.

bank bank	Bank
kantor kantorr	Wechselstube (meist billiger)
pieniądz (Mz **-e**) pjänjonds (-ä)	Geld
drobne drobbnä	Kleingeld
banknot (Mz **-y**) banknott (-ę)	Banknote
karta kredytowa karta krädętowa	Kreditkarte
czek podróżny tschäk podrushnę	Reisescheck
wymienić węmjänidch	wechseln
Jaki jest kurs? jakji jäßt kurß	Wie ist der Kurs?

Die polnische Banklandschaft hat sich sehr verändert. Jetzt gibt es überall Wechselstuben usw. Man wird trotz der Angleichung des offiziellen Wertes des Złoty („suotę“) an den Schwarzmarktkurs immer noch auf das Schwarzumtauschen angesprochen.

Für Auslandspakete gibt es besondere Zollabfertigungsschalter.

auf der Post

Außer poczta gibt es sowohl die Bezeichnung Urzą d Pocztowy („*Büro der Post*“, Postamt) sowie auch PTT (Poczta, Telegraf, Telefon). Briefkästen sind meist rot, aber auch grün (Stadtpost) sowie blau (Luftpost).

poczta potschta	Post
poczta lotnicza potschta lotnjitscha	mit Luftpost
znaczek (Ez) snatschäk	Briefmarke
znaczki (Mz) snatschckji	Briefmarken
telegram tälägramm	Telegramm
list ljißt	Brief
paczka patschka	Paket
karta pocztowa karta potschtowa	Postkarte
widokówka/pocztówka wjidockuwka/potschtuka	Ansichtskarte

Telefonieren

rozmowa Gespräch, Telefonat
rosmowwa

Telefon
telefon (m)

telefonieren
telefonować

Vorwahl
wybór przedwstępny (m)

Vorwahlnummer
numer przedwstępny (m)

Wer spricht?
Kto mówi?

Hier (ist) ...
To ...

Die direkte Durchwahl gibt es nur für relativ große Städte in Polen. Möchte man jemanden in einer Kleinstadt oder auf dem Land erreichen, muss man sich sein Telefonat vermitteln lassen. Will man vom Warschauer Hauptbahnhof aus anrufen, findet man im Telefonbereich eine Liste der ganzen Städte, bei denen die Durchwahl möglich ist. Für den Fall, dass die gewünschte Stadt nicht aufgelistet ist, muss man an der Theke Schlange stehen. Das geht aber ziemlich schnell. Am besten schreibt man sich den Namen der Stadt auf und zeigt den Zettel der Dame hinter dem Schalter. Sie wird Ihnen dann sagen, in welcher Kabine Sie Ihren Anruf annehmen können. Bezahlt wird immer erst hinterher. Übrigens müssen Telefonbücher extra verlangt werden.

Telefon jest popsuty.
täläfon jäßt popßutę
Telefon ist kaputt
Das Telefon funktioniert nicht.

Krank sein

Wenn Sie in einem Hotel krank werden, sagen Sie einfach an der Rezeption, dass Sie medizinische Betreuung benötigen. Falls Sie die Sache selbst in die Hand nehmen müssen, fragen Sie, wo die nächste przychodnia rejonowa („pschichodnja räjonowa", Poliklinik oder Ärztegemeinschaft) ist.

Sie können entweder selbst dort hingehen oder sich von einem dort erreichbaren Arzt (lekarz „läkasch") besuchen lassen. Dies gilt auch für die Spółdzielnia Lekarzy Specjalistów („ßpuudsjälnja läkaschę ßpätzjaljißtuw", „Genossenschaft Medizinischer Spezialisten"), die sowohl medizinische wie auch zahnmedizinische Bedürfnisse abdeckt. Es könnte sein, dass Sie sich mit dem Arzt bzw. Ärztin auf Englisch oder Deutsch verständigen können.

Proszę prędko wezwać lekarza/pogotowie.
proschä prändko wäswadch läkasha/poggottowje
bitte schnell herbeirufen Arzt/Krankenwagen(Akk)
Ich brauche bitte einen Arzt/Krankenwagen.

Der Notruf ist ab 22 Uhr in den meisten Städten unter 999 zu erreichen.

Czy lekarz może przyjechać i zbadać mnie tutaj?
tschę läkash moshä pschęjähadch i sbadadch mnjä tutaj
? Arzt kann kommen und untersuchen mich hier
Kann der Arzt hierherkommen und mich untersuchen?

beim Arzt

Zƒle się czuję.
shlä chjä tschujä
schlecht mich fühle-ich
Ich fühle mich schlecht.

Jestem chory/chora.
jäßtäm horę/hora
bin krank(m/w)
Ich bin krank.

Boli mnie tutaj.
bolji mnjä tutaj
schmerzt mir hier
Hier tut es weh.

Wymiotowałem/-am.
węmjotowauäm/-am
übergab-ich(m/w)
Ich habe mich übergeben.

boleć	bollädch	wehtun
chory	horę	krank
lekarstwo	läkarßtwo	Medizin
lekarz	läkash	Arzt
dentysta	däntęßta	Zahnarzt
szpital	schpjital	Krankenhaus
kwit	quitt	Quittung

beim Zahnarzt

Boli mnie ząb.
bollji mnjä somb
schmerzt mir Zahn
Ich habe Zahnschmerzen.

Proszę o znieczulenie.
proschä o snjätschulänjä
Ich bitte um eine Betäubung.

Proszę zaplombować, nie wyrywać.
proschä saplombowadch, njä węręwadch
Bitte plombieren, nicht ziehen.

Sprechstunde (Arzt)
godzina przyjęć

Zahn
ząb (m)

Krone
korona (w)

Brücke (Zahn)
mostek (m)

plombieren (Zahn)
blombować

ziehen (Zahn)
wyciągnąć*

Zahnfleisch
dziąsło (s)

Zahnschmerzen
ból zębów (m)

Zahnbürste
szczoteczka do zębów (w)

Zahnpasta
pasta do zębów

Apotheke

apteka aptäka	Apotheke
lekarstwo läkarßtwo	Arzneimittel, Medikament
recepta rätzäpta	Rezept
biegunka bjägunka	Durchfall
ból brzucha bul bshuha	Bauchschmerzen
gorączka gorontschka	Fieber
zatrucie sattrutzjä	Vergiftung
zatwardzenie sattfardsenjä	Verstopfung
zażywać sashęwadch	einnehmen

Proszę zażywać lekarstwo przed każdym posiłkiem.
proschä sashęwadch läkarßtwo pshäd kaschdęm pochjiukjäm
bitte-ich einnehmen Arzneimittel vor jeder Mahlzeit(Instr)
Bitte nehmen Sie das Arzneimittel vor jeder Mahlzeit ein.

... po każdym posiłku
... po kashdęm pochjiuku
... nach jeder Mahlzeit

...-razy dziennie
...-rasę dsjännjä
...-mal täglich

Allergie
alergia (w)

Aspirin
aspiryna (w)

Blinddarm
wyrostek robaczkowy (m)

Blutdruck
ciśnienie krwi (s)

Halsschmerzen
ból gardła (m)

Heftpflaster
flaster (m)

Husten
kaszel (m)

Kopfschmerzen
ból głowy

Krankenwagen
karetka pogotowia (w)

Sonnenbrand
oparzenie słoneczne (s)

Tetanus
tężec (m)

Thermometer
termometr (m)

Zäpfchen
czopek (m)

do zewnętrznego zastosowania
do säwnäntshnägo saßtoßowanja
zur äußerlichen Anwendung

Körper

głowa	guowa	Kopf
oko	ocko	Auge
ucho	uho	Ohr
usta	ußta	Mund
gardło	garduo	Hals
ręka	ränka	Hand
ramię	ramjä	Arm, Schulter
palec	palätz	Finger
wyrostek	węroßtäk	Blinddarm
plecy (Mz)	plätzę	Rücken
gruczoł	grutschou	Drüse
mięsień	mjänchjänj	Muskel
migały	mjigdauę	Mandeln
żebro	shäbro	Rippe
klakta piersiowa	klatka pjärchjowa	Brust
żołądek	shouondäk	Magen
brzuch	bshuh	Bauch
noga – stopa	nogga – ßtoppa	Bein – Fuß
serce	ßertzä	Herz
płuca	puutza	Lunge
wątroba	wontrobba	Leber
krew – mocz	kräw – motsch	Blut – Urin
kość	kochdch	Knochen
pęcherz	pänhäsh	Blase
nerki	närckji	Nieren
skóra	ßkura	Haut

Toilette & Co.

Oft findet man an den Toilettentüren nur einen „Kreis“ für die Damentoilette oder ein „Dreieck“ für die Herrentoilette.

Dla Panów/Męski
dla panuw/mänskji
für Herren/männlich
Herren

Dla Pań/Damski
dla panj/damßkji
für Damen/weiblich
Damen

Gdzie jest toaleta?
gdsjä jäßt toaläta
wo ist Toilette
Wo ist die Toilette?

papier toaletowy papjär toalätowę	Toilettenpapier
mydło męduo	Seife
ręcznik räntschnjik	Handtuch

Wörterliste Deutsch – Polnisch

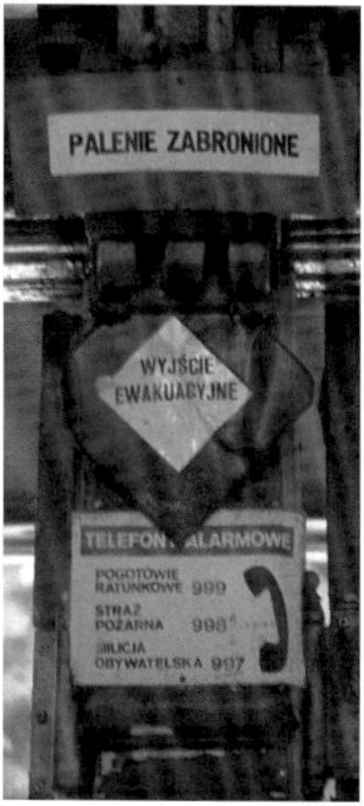

*Die Verben im vollendeten Aspekt sind mit * gekennzeichnet (von diesen gibt es keine Gegenwart). Bei Hauptwörtern wird das grammatische Geschlecht angegeben: „m" (männlich), „w" (weiblich) bzw. „s" (sächlich). Eigenschaftswörter stehen hier nur in ihrer männlichen Form. Auf Umstandswörter wird mit (Adv) hingewiesen.*

A

abbiegen skręcać
Abendbrot kolacja (w)
abendessen jeść kolację
aber ale
abfahren odjeżdżać, odjechać*
abmelden wymeldowywać się, wymeldować się*
Abschied pożegnanie
abschließen (z. B. Tür) zamykac‘
Absicht zamiar (m)
achten auf (etw.) uważać
Achtung! (Aufgepasst!) uwaga (w)
Adresse adres (m)
AIDS AIDS
allein sam
alles wszystko
allgemein ogólny
als (Vergleich) niż
als (zeitlich) kiedy
alt stary
Alter (Lebens-) wiek (m)
an, auf do (Gen), na (Akk)
anbieten oferować, zaoferować*
Andenken pamiątká (w)
anderer inny
ändern (etw.) zmieniać
ändern, sich zmieniać się
anders inny
anerkennen uznawać
anfangen zaczynać
angenehm przyjemny
Angestellter pracownik (m), urzędnik (m)
Angst haben mieć strach
Angst strach (m)
ängstlich strachliwy
anhalten zatrzymywać, zatrzymać*
anhängen von zależeć od
ankommen przyjeżdżać, przyjechać*
anmachen (Licht) zrobić* (Światło)
anmelden meldować się, zameldować się*
ansehen obejrzeć, oglądać
Antwort odpowiedź (w)
antworten odpowiadać, odpowiedzieć*
Anwalt adwokat (m)
anziehen, sich ubierać się
Apfel jabłko (s)
Apfelsine pomarańcza (w)
Apparat aparat (m)
Arbeit praca (w)
arbeiten pracować
arm biedny
Art (Weise) sposób (m)
Atem oddech (m)
auch także
auf (oben auf) na
Aufgabe zadanie (s)
aufheben (vom Boden) podnieść*
aufhören (etw. zu tun) skończyć*
aufstellen postawić

Augenarzt okulista (m)
aus (von) od, z, ze (Gen)
aus (vorbei) koniec (s)
ausdrücken, sich wyrażać się, wyrazić się*
Ausfahrt wyjazd (m)
ausfüllen wypełniać, wypełnić*
Ausgang wyjście (s)
ausgeben (Geld) wydawać
Auskunft informacja (w)
Auskunftsbüro biuro informacyjne (s)
Ausländer cudzoziemiec
Ausländerin cudzoziemka
ausmachen (Licht) zgasić (światło)*
ausruhen, sich odpocząć*
außen na zewnątrz
Aussprache wymowa (w)
aussteigen wysiadać, wysiąść*
ausverkauft wyprzedany
Ausweis legitymacja (w)
auswendig na pamięć
ausziehen (aus Wohnung) wyprowadzić się*
ausziehen, sich rozebrać* się
Auto samochód (m)
Autobahn autostrada (w)
Autowerkstatt warsztat samochodowy (m)

B

Bäckerei piekarnia (w)
baden kąpać się, wykąpać się*
Bahnhof dworzec (m)
Bahnsteig peron (m)
bald wkrótce
Ball piłka (w)
Banane banan (m)
Bank bank (m)
Bargeld gotówka (w)
Bart broda (w)
Batterie bateria (w)
Bauch brzuch (m)
bauen budować
Baum drzewo (s)
bedanken, sich podziękować*
bedeuten znaczyć
Bedingung warunek (m)
beenden kończyć, sakończyć*
befindet sich znajduje się
begegnen spotykać
Beginn początek (m)
beginnen zaczynać, zacząć*
begleiten (jem.) towarzyszyć komuś
begrüßen witać
behalten zatrzymać*
behandeln (Arzt) leczyć
behaupten utrzymywać
Behörde, Amt urząd (m)
bei u (Gen)
Bein noga (w)
Beispiel przykład (m)
Beispiel: zum Beispiel na przykład; np.
bekannt machen, sich poznać* się
bekannt znany
bemerken nadmienić*
bemühen, sich trudzić się
benutzen zużywać
Benzin benzyna (w)
beobachten obserwować
Berge góry (w Mz)
Beruf zawód (m)
berühmt sławny, słynny
beschäftigen, sich (mit etw.) zajmować się czymś
Beschwerde skarga (w)
beschweren, sich skarżyć się
besetzt zajęty
besichtigen zwiedzać
Besitzer posiadacz (m)
besonders szczególnie
besser lepiej
bestellen zamawiać, zamówić*
Besuch odwiedziny (m Mz)
besuchen odwiedzać, odwiedzić*
Betrieb zakład (m)
betrunken pijany
bevor przed
Beweis dowód (m)
beweisen dowodzić
bezahlen płacić
Bier piwo (s)
Bild obraz (m)
billig tani
Birne gruszka (w)
bis do
bisschen trochę
Bitte prośba (w)
bitter gorzki
Blatt (botanisch) liść (m)
Blatt (Papier) kartka (w)
blau niebieski
bleiben zostawać, zostać*
Blume kwiat (m)

Boot łódź (w)
Botschaft (diplomat.) ambasada(w)
Brand pożar (m)
Brauch (Sitte) obyczaj (m)
braucht, man (po)trzeba
braun brązowy
brennen palić
Brett deska (w)
Brief list (m)
Briefmarke znaczek (m)
Brille okulary (w Mz)
bringen przynosić
Brot chleb (m)
Brötchen bułka (w)
Brücke most (m)
Buch ksiazka (w)
Buchstabe litera (w)
Burg zamek (m)
Büro biuro (s)
Bürste szczotka (w)
Bus autobus (m)
Butter masło (s)

C

Café kawiarnia (w)
Champagner szampan (m)
Chauffeur kierowca (m)
Chef szef (m)

D

da (dort) tam
Dach dach (m)
daher stąd
dahin tam
dahinter za
damit aby
danach, dann potem
daneben obok
danke dziękuję
darüber nad
darunter pod
das heißt to znaczy
das to
dass że
dasselbe to samo
Datum data (w)
dauern (Zeit) trwać
denken myśleć, pomyśieć*
Denkmal pomnik (m)
deshalb dlatego
deutsch niemiecki
dick gruby
Dieb złodziej (m)
Diebstahl kradzież (w)
Ding rzecz (w)
dort tam
dorthin tam
draußen na dworze
drehen obracać
dringend nagły
drinnen wewnątrz
drücken naciskać
dumm głupi
dunkel ciemny
durch (hindurch) przez
durch (mittels) poprzez
Durst pragnienie (s)
durstig spragniony

E

egal wszystko jedno
Eier jajka (s Mz)
Eigentum posiadłość (w)
eilig pośpieszny
einfach łatwy
Einfahrt wjazd (m)
Eingang wejście (s)
einige niektóre
einladen (jem.) zaprosić*
Einladung zaproszenie (s)
einmal (jeden)
einsteigen wsiadać, wsiąść*
eintreten wstąpić*
Eintrittskarte bilet (wstępu) (m)
einverstanden sein zgadzać się na coś
Eis (gefror. Wasser) lód (m)
Eis(creme) lody (m Mz)
Eisen stal (w)
Eisenbahn kolej (w)
Eiswürfel kostki lodu (w Mz)
elektrisch elektryczny
Eltern rodzice (m Mz)
empfangen przyjmować
Ende koniec (m)
eng wąski
Entfernung odległość (w)
entlang wzdłuż
entschuldigen, sich przeprosić*
entwickeln (Film) wywoływać
Erde ziemia
erhalten (bekommen) dostać*
erholen, sich odpocząć
erinnern, sich przypominać sobie
Erinnerung wspomnienie (s)
erkälten, sich przeziębić się*
Erkältung przeziębienie (s)

erklären wyjaśnić*, wyjaśniać
erlauben pozwalać, pozwolić*
erschrecken (selber) wystraszyć się*
Essen jedzenie (s)
essen jeść, zjeść*
Essig ocet (m)
Etage piętro (s)
etwa około
etwas coś

F

Fabrik fabryka (w)
Faden nić (w)
fahren jeździć, jechać*
Fahrkarte bilet (m)
Fahrpreis cena biletu (w)
fallen spadać
falls jeśli
falsch fałszywy
Familie rodzina (w)
fangen łapać
Farbe kolor (m)
fast (beinahe) prawie
fehlen (nicht da sein) brakować
Feier święto (s)
feiern świętować
fein delikatny
Feind nieprzyjaciel (m)
Feld (Acker) pole (s)
Fell futro (s)
Fenster okno (s)
Ferien ferie/wakacje (w Mz)
Fernseher telewisor (m)
fertig gotowy
festhalten trzymać*
Feuer ogień (m)
Film film (m)
finden znajdować, znaleść*
Firma firma (w)
Fisch ryba (w)
Flasche butelka (w)
Fleisch mięso (s)
Fliege mucha (w)
fliegen latać, lecieć*
Flughafen lotnisko (s)
Fluss rzeka (w)
flüssig płynny
Formular formularz (m)
Foto fotografia (w)
Fotoapparat aparat fotograficzny (m)
fotografieren robić zdjęcią fotografować
Frage pytanie (s)
fragen pytać
Frau (Ehefrau) żone (w)
Frau kobieta (w)
Frauenarzt ginekolog (m)
frei (Adj) wolny
Freiheit wolność
Freizeit czas wolny (m)
fremd obcy
freuen, sich cieszyć się
Freund przyjaciel (m)
Freundin przyjaciółka (w)
freundlich uprzejmy (Adj), uprzejmie (Adv)
Friede pokój (m)
frisch świeży
fröhlich wesoły
Frost mróz (m)
Frucht owoc (m)
früher wcześniej
Frühstück śniadanie (s)
frühstücken jeść śniadanie
fühlen (etw.) czuć
fühlen, sich czuć się
führen (geleiten) prowadzić
Führerschein prawo jazdy (s)
füllen wypełniać
funktionieren funkcjonować*
für dla
furchtbar okropny
fürchten, sich vor bać się czegoś
Fuß stopa (w)
füttern karmić

G

Gans geś (w)
ganz cały
gar nicht wcale nie
gar nichts nic
Garten ogród (m)
Gas gaz (m)
Gaststätte gospoda (w)
Gebäude budynek (m)
geben dawać, dać*
Gebiet obszar (m)
gebildet wykształcony
Gebirge góry (w Mz)
gebrauchen potrzebować
Gebühr opłata (w)
Geburt poród (m)
Geburtstag urodziny (Mz)
Gedanke myśl (w)
Geduld cierpliwość (w)
Gefahr niebezpieczeństwo (s)
gefährlich niebezpieczny
gefallen podobać się

Gefängnis więzienie (s)
Geflügel drób (m)
Gefühl uczucie (s)
gegen przeciwko
Gegend okolica (w)
Gegenstand rzecz (w)
Gegenteil przeciwieństwo (s)
Gehalt płaca (w)
geheim tajny
gehen iść, pójść*
gehorchen słuchać
gehören (zu) należeć
gelb żółty
Geld pieniądze (m Mz)
Gelegenheit okazja (w)
gelingen (gut) udać się
Gemüse warzywo (s)
genau dokładnie
genug dosyć
genügen wystarczyć*
geöffnet otwarty
Gepäck bagaż (m)
Geprächt rozmowa (w)
gerade (eben) właśnie
gerade (n. krumm) prosty
geradeaus prosto
Gerät sprzęt (m)
Geräusch hałas (m), szelest (m)
gerecht sprawiedliwy
Gericht (Justiz) sąd (m)
Gericht (Speise) potrawa (w)
gern chętnie
Geruch zapach (m)
Geschäft (Laden) sklep (m)
Geschäft sklep (m)
geschehen (passieren) wydarzyć się*
Geschenk prezent (m)
Geschichte opowiadanie (s)
Geschichte (hist.) historia (w)
geschlossen zamknięty
Geschmack (Speise) smak (m)
Geschwindigkeit szybkość (w)
Gesellschaft towarzystwo (s)
Gesetz prawo (s)
Gesicht twarz (w)
gestorben umarły
gesund zdrowy
Gesundheit zdrowie (s)
Gesundheit! (Zum Wohl!) na zdrowie!
Getreide zboże (s)
Gewicht waga (w)
gewinnen wygrać
gewöhnen, sich (an) przyzwyczaić się*
Gift trucizna (w)
Glas (Material) szkło (s)
Glas (Trink-) szklanka (w)
gleich (identisch) ten sam
gleich (sofort) zaraz
Glück szczęście
glücklich szczęśliwy
Gold złoto (s)
Gramm gram (m)
Grammatik gramatyka (w)
Gras trawa (w)
Grenze granica (w)
Grippe grypa (w)
groß duży
Größe (Kleid.) rozmiar (m)
grün zielony
Grund (Begründung) przyczyna (w)
Gruppe grupa (w)
Gruß pozdrowienie (s)
grüßen pozdrawiać
Gummi guma (w)
günstig dogodny
gut dobry (Adj), dobrze (Adv)

H

Haar włosy (w Mz)
haben (besitzen) posiadać
Hafen port (m)
Hahn kogut (m)
halb pół
Hälfte połowa (w)
halten (an-) trzymać, zatrzymać*
Haltestelle przystanek (m)
Hammer młotek (m)
Hand ręka (w)
Handel handel (m)
Handtuch ręcznik (m)
Handwerk rzemieślnictwo (s)
hängen (auf-) (Wäsche) wieszać
hassen nienawidzieć
Haut skóra (w)
heben (auf-/hoch-) podnosić
heilen leczyć
heilig święty
Heirat małżeństwo (s)
heiraten żenić się
heiß gorący
heißen nazywać się
helfen pomagać, pomóc*
hell jasny
Hemd (Ober-) koszula (w)
Hemd (Unter-) koszulka (w)
hereinkommen wejść

herstellen produkować
heute dzisiaj
hier tutaj
Hilfe pomoc (w)
Himmel niebo (s)
hinauf na górę
hindurch przez
hinein do
hinfallen padać*
hinkommen przychodzić, przyjść*
hinter za
hinunter na dół
Hitze skwar (m)
hoch wysoki
hoffen mieć nadzieję
holen przynieść*
Holz drzewo (s)
Honig miód (m)
hören słyszeć, usłyszeć*
hören, zu- słuchać, posłuchać*
Hose spodnie (w Mz)
hübsch (Personen) ładny
Huhn kura (w)
Hund pies (m)
Hunger głód (m)
hungrig głodny
Hut kapelusz (m)

I

Idee idea (w), myśl (w)
immer zawsze
impfen (gegen) szczypić
in w
Industrie przemysł (m)
Information informacja (w)
Ingenieur inżynier (m)
Inhalt treść (w)
innen w środku
Insel wyspa (w)
intelligent inteligentny
interessant interesujący
interessieren, sich für zajmować się
irgendwas coś
irgendwer ktoś
irgendwo gdzieś
irren, sich mylić się
Irrtum pomyłka (w)

J

Jacke kurtka (w)
Jagd polowanie (s)
jagen polować
Jahr/e rok (m)/lata (m Mz)
Jahreszeit pora roku (w)
je ... desto im ... tym
jeder każdy
jedes Mal każdym razem
jemals wogóle
jemand anders ktoś inny
jetzt teraz
Jude żyd (m)
Jugend młodość (w)
jung młody
Junge chłopiec (m)

K

kalt zimny
Kälte chłód (m)
Kamera kamera (w)
Kamm grzebień (m)
kämpfen walczyć
kaputt zepeuty
Karte (Land-) mapa (w)
Karte (Post-) pocztówka (w)
Kartoffel ziemniak (m)
Käse ser (m)
Kasse kasa (w)
Kassette (Ton-) kaseta (w)
Kasten skrzynia (w)
Kathedrale katedra (w)
Katze kot (m)
kaufen kupić*
kaufen kupować
Kaufhaus dom towarowy (m)
keiner żaden
kennen lernen poznawać
kennen znać
Kilo kilo (s)
Kilometer kilometr (m)
Kind dziecko (s)
Kino kino (s)
Kirche kościół (m)
Kirsche czereśnia (w)
kleben kleić
Kleid sukienka (w)
Kleidung ubranie (s)
klein mały
klettern wspinać się
klopfen pukać
Knie kolano (s)
Knoblauch czosnek (m)
kochen (Essen) gotować
kochen (z. B. Das Wasser kocht.) gotować się
Koffer walizka (w)
Kohle węgiel (m)
Kollege kolega (m)
kommen przyjść*
kompliziert skomplikowany
König król (m)
Königin królowa (w)

können (wissen) umieć
Kopf głowa (w)
kosten kosztować
krank chory
Krankheit choroba (w)
Kreis koło (s)
Kreuz krzyż (m)
Krieg wojna (w)
Küche kuchnia (w)
Kuh krowa (w)
kühl zimno
Kühlschrank lodówka (w)
Kultur kultura (w)
Kunst sztuka (w)
kurz krótko
Kuss pocałunek (m)
küssen całować

L

lachen śmiać się, zaśmiać* się
Lampe lampa
landen (Flugzeug) lądować
lang (nicht kurz/zeitl.) długi
langsam (po)wolny
langweilig nudny
Lärm hałas (m)
Lass das! zostaw to!
lassen zostawiać, zostawić*
laufen biegać
laut głośny
leben żyć
Leben życie (s)
Lebensmittel żywność (w)
lecker pyszny, smaczny
Leder skóra (w)
ledig wolny
leer pusty
legen (setzen, stellen) położyć*
leicht (nicht schwer) lekki
leiden cierpieć
leider niestety
leihen, sich (aus-) pożyczać
leise cicho
Leiter drabina (w)
lernen uczyć
lesen czytać, przeczytać*
letzter ostatni
Leute ludzie (m Mz)
Licht światło (s)
Liebe miłość (w)
lieben, mögen kochać, lubić
Lied piosenka (w)
liegen leżeć
Lineal linijka (w)
Linie linia (w)
links na lewo
Lippe warga (w)
Liter litr (m)
Loch dziura (w)
loslassen opuścić*
Luft powietrze (s)
Luftpost poczta lotnicza (w)
lügen kłamać
Lust ochota (w)

M

machen robić, zrobić*
Mädchen dziewczyna (w)
Mädchen (kleines) dziewczynka (w)
mal (einmal ...) raz
malen malować
manchmal czasem
Mann mężczyzna (m)
Mann (Ehe-) mąż (m)
Mantel płaszcz (m)
Markt targ (m)
Maschine maszyna (w)
Masse masa (w)
Material materiał (m)
Mauer morze (s), mur (m)
Maus mysz (w)
Mehl mąka (w)
mehr więcej
meinen mniemać, sądzić
meistens najwięcej
Melodie melodia (w)
Menge ilość (w)
Mensch człowiek (m)
merken (be-) zauważyć*
merken, sich zapamiętać*
merkwürdig dziwny, osobliwy
messen mierzyć
Metall metal (m)
Miete czynsz (m)
mieten wynajmować, wynajmowywać
Milch mleko (s)
mindestens przynajmniej
Minute minuta (w)
misslingen nie udać się
missverstehen błędnie zrozumieć*
mit z (+Instr)
mitbringen przynieść*
Mittag południe (s)
mittagessen jeść obiad (m)
mittags w południe
Mitte środek (m)
Mode moda (w)
modern modny
mögen chcieć, lubić
möglich możliwy

Moment moment (m)
Monat miesiąc (m)
Mond księżyc (m)
Mord morderstwo (s)
morgen jutro
Motor motór (m)
Motorrad motocykl (m)
müde sein być zmęczonym
munter sein być ożywionym
munter wesoły
Münze (Geld-) moneta (w)
Musik muzyka (w)
müssen musieć
Mütze czapka (w)

N

nach (Richtung) do
nach, danach (zeitl.) po
Nachricht wiadomość
nächster następny
Nacht noc (w)
Nagel gwóźdź (m)
nah bliski
nähen szyć
Name (Nach-) nazwisko (s)
Name (Vor-) imię (s)
Nase nos (m)
nass mokry
Nation naród (m)
Natur przyroda (w)
natürlich naturalny; oczywiście
neben (daneben) obok
nchmen brać, wziąć*
nennen, heißen nazywać
nett miły
neu (nicht alt) nowy
niedrig (nicht hoch) niski
noch (ein)mal jeszcze raz
noch jeszcze
Norden pothoc (w)
normal normalny
Not bieda (w)
nötig należny
notwendig konieczny
Nudeln makaron (m)
Nummer numer (m)
nur tylko
nützlich pożyteczny

O

oben nad
Oberleitungsbus trolejbus (m)
Obst owoce (m Mz)
oder albo
Ofen piec (m)
oft często
ohne bez
Öl (Erd-) olej (m)
Öl (Speise-) oliwa (w)
Öl oliwa (w), olej (m)
Olive oliwka (w)
Oper opera (w)
Operation operacja (w)
Opfer ofiara (w)
Ordnung porządek (m)
organisieren organizować
Ort (Stelle) miejsce (s)
Osten wschód (m)
östlich, Ost- wschodnl

P

paar (ein paar, einige) kilka
Paar para (w)
packen pakować
Palast pałac (m)
Panne awaria (w)
Papier papier (m)
Paprika papryka (w)
Park park (m)
parken parkować
Parkplatz parking (m)
Partei partia (w)
Pass paszport (m)
Passbehörde urząd paszportowy (m)
passen (Kleidung) pasować
passieren (geschehen) wydarzyć się*
Patient pacient (m)
Pause przerwa (w)
Person osoba (w)
Pfeffer pieprz (m)
Pferd koń (m)
Pflanze roślina (w)
Pflege opieka (w)
Pflicht obowiązek (m)
Plan (Projekt) plan (m)
plötzlich nagle
Politik polityka (w)
Polizei policja (w)
Polizist policjant (m)
Post poczta (w)
Präsident prezydent (m)
Preis cena (w)
preiswert niedrogi
privat prywatny
problеren próbować, spróbować*
Problem problem (m)
Programm program (m)
pünktich punktualny

Q/R

Qualität jakość (w)
Quelle źródło
quer w poprzek
Quittung rachunek (m)
Radio(gerät) radio (s)
rasieren, sich (Bart) golić się
Rast machen odpoczywać
Rat geben radzić
rauchen palić
rechnen liczyć
Rechnung rachunek (m)
Recht (Gesetz) prawo (s)
Recht haben mieć rację
rechts na prawo
reden mówić, rozmawiać
Regel (Gegenteil von Ausnahme) reguła (w)
regeln załatwić*
Regenschirm parasol (m)
Regierung rząd (m)
reich bogaty
Reihe: an der Reihe sein kolej: kogo kolej (w)
Reis ryż (m)
Reise podróż (w)
reisen podróżować
Religion religia (w)
Reparatur reperacja (w)
reparieren naprawiać
Republik republika (w)
Restaurant restauracja (w)
retten ratować
Rezeption recepcja (w)
richtig prawidłowo
Richtung kierunek (m)
Ring pierścionek (m)
Rock spódnica (w)
Roman powieść (w)
Rose róża (w)
rot czerwony
Rucksack plecak (m)
rückwärts do tyłu
rufen wołać
Ruhe spokój (m)
ruhig spokojny
rund okrągły

S

Sache (Angelegenheit) sprawa (w)
Sache (Ding) rzecz (w)
Saft sok (m)
sagen mówić, powiedzieć*
Salat sałata (w)
Salz sól (w)
sammeln zbierać
Sand piasek (m)
satt sein być syty
sauber machen czyścić
sauber czysty
sauer (ärgerlich) byćzły
sauer (Geschmack) gorzki
schaden (n. nützen) szkodzić
Schaden szkoda (w)
Schaf owca (w)
schaffen, es stworzyć*
Schallplatte płyta (w)
scharf (Gew./Messer) ostry
scharf ostry
Schatten cień
Schein (Geld-) banknot (m)
schenken darować, podarować*
Schere nożyce (m Mz)
schicken (senden) wysyłać, wysłać*
schießen strzelać
Schiff statek (m)
schlafen spać
schlagen (hauen) bić
schlecht źle (Adv), zły (Adj)
schließen zamykać, zamknąć*
Schloss zamek (m)
Schluss (Ende) koniec (m)
Schlüssel klucz (m)
schmackhaft smaczny
schmecken (gut/schlecht) smakować
Schmerz ból (m)
schmutzig brudny
Schnee śnieg (m)
schneiden kroić
schnell (Adv) szybko
Schokolade czekolada (w)
schön piękny
Schrank szafa (w)
schreiben pisać, napisać*
schreien krzyczeć, krzyknąć*
Schuhe buty (m Mz)
Schuld wina (w)
schulden (jem. Geld) być dłużnym
Schule szkoła (w)
schwach słaby
schwanger ciężarna
schwarz czarny
schweigen milczeć
Schwein świnia (w)
schwer ciężki
schwierig trudny
Schwimmbad basen (m), pływalnia,w

schwimmen pływać, płynąć*
schwitzen pocić się
See, der jezioro (s)
See, die morze (s)
sehen widzieć
sehr bardzo
Seide jedwab (w)
Seife mydło (s)
seit od
Seite strona (w)
Sekunde sekunda (w)
selber, selbst sam
selbstverständlich oczywiście
Senf musztarda (w)
setzen siadać, usiąść*
setzen, sich usiąść*
sicher (Haltung) pewny
sicher (Zustand) bezpieczny
Silber srebro (s)
singen zaśpiewać*
sitzen siedzieć
Slipeinlage wkładka (w)
so viel tak dużo
so tak
sogar nawet
sollen mieć
Sonne słońce (s)
Souvenir pamiątka (w)
spät późno
spät, zu za późno
später później
spazieren gehen spacerować
Spiel zabawą gra (w)
spielen grać
spielen zagrać*
Sport sport (m)
Sprache język (m)
sprechen mówić, powiedzieć*
Spritze zastrzyk (m)
stark mocny, silny
starten (Flugz.) odlatywać
stattfinden mieć miejsce
stehen stać
stehlen kraść
Stein kamień (m)
Stelle (Ort) miejsce
sterben umierać
Stern gwiazda (w)
Stift (Blei-) ołówek (m)
Stift (Filz-) pisak (m)
Stimme głos (m)
Stoff materiał (m)
stören przeszkadzać
Strafe kara (w)
Strand plaża (w)
Straße ulica (w)
Straßenbahn tramwaj (m)
streicheln głaskać, pogłaskać*
Streichhölzer zapałki (w Mz)
streiten kłócić się
Strom (elektr.) prąd (m)
Stück sztuka (w)
studieren studiować
Studium studia (s Mz)
Stunde godzina (w)
Sturm burza (w)
suchen szukać, poszukać*, wyszukać*
Süden południe (s)
Suppe zupa (w)
süß słodki
System system (m)

T

Tabak tabaka (w)
Tablette tabletka (w)
Tag dzień (m)
täglich codzienny
Tal dolina (w)
Tampon tampon (w)
tanken tankować, zatankować*
Tankstelle stacja benzynowa (w)
Tanz taniec (m)
tanzen tańczyć, zatańczyć*
Tasche torba (w)
Taschentuch chusteczka (w)
tauschen wymieniać, wymienić*
Taxi taksówka (w)
Taxistand postój taksówek (m)
technisch techniczny
Teil część (w)
teilnehmen brać udział
Temperatur temperatura (w)
Termin termin (m)
teuer drogi
Tier zwierzę (s)
Tomate pomidor (m)
tot martwy
töten zabijać
Tourist turysta (m)
Tradition (Brauchtum) obyczaj (m)
tragen nosić*, nieść*
traurig smutny
treffen (jem.) spotkać*
treffen, sich mit spotykać

Treppe schody (m Mz)
trinken pić, wypić*
Trinkgeld napiwek (m)
Trinkwasser woda do picia (w), woda pitna (w)
trocken suchy
tun (machen) robić
Tür drzwi (w Mz)
Turm wieża (w)
Tüte torba (w)

U

üben ćwiczyć
über o (Lok)
überall wszędzie
übersetzen (Sprache) przetłumaczyć*
Übersetzer tłmacz (m)
übrig pozostały
Ufer brzeg (m)
Uhr (Gerät) zegarek (m)
Uhr(-zeit, Stunde) godzina (w)
Umleitung objazd (m)
umsteigen przesiadać się, przesiąśćsi się*
umtauschen wymienić*
Umwelt środowisko (s)
unbekannt nieznany
und i
Unfall wypadek (m)
ungefähr około
Unglück nieszczęście (s)
ungünstig nieprzychylny
Universität uniwersytet (m)
unmöglich (nicht möglich) niemożliwy
unreif niedojrzały
unsicher niepewny
unten na dole, poniżej
unter pod
unterhalten, sich rozmawiać
unterrichten uczyć
unterschreiben podpisywać, podpisać*
Unterschrift podpis (m)
unterstützen popierać, poprzeć*
untersuchen badać
Unterwäsche bielizna (w)
Ursache przyczyna (w)

V

verabreden, sich umówić się *
Verabredung schadzka (w)
verabschieden, sich von pożegnać się *
verboten zabroniony
Verbrechen przestępstwo (s)
verbrennen spalić*
vergessen zapomnieć*
vergleichen porównywać, porównać*
verheiratet zamężny
Verhütung (Schwangerschaft) zapobieganie (s)
verkaufen sprzedawać, sprzedać*
Verkehr (Straßen-) ruch (m) (uliczny)
verlassen opuścić*, opuszczać
verletzt zraniony
verlieren (Dinge) zgubić*
verlieren (nicht gewinnen) przegrać*
verloren zgubiony
vermieten wynajmować
vermuten przypuszczać, przypuścić*
verpassen (Zug) przegapić*
verrückt zwariowany
Versicherung ubezpieczenie (s)
verspäten, sich spóźnić się*
Verspätung spóźnienie (s)
versprechen obiecywać, obiecać*
verstehen rozumieć, zrozumieć*
versuchen (etw.) próbować
vertrauen (jem.) ufać komuś, zaufać komuś*
verzeihen wybaczać, wybaczyć, przepraszam
viel dużo
vielleicht może
Vogel ptak (m)
Volk naród (m)
voll (Adj) pełny
volltanken zatankować do pełna
von od, z (Gen)
vor (örtl./zeitl.) przed
vorbei skończone
vorbereiten przygotowywać, przygotować*
Vorfahrt pierwszeństwo przejazdu (s)
vorgestern przedwczoraj
Vormittag dopołudnie (s)
vorsichtig ostrożny

Vorteil zaleta (w)

W

Waffe broń (w)
Wagen (Auto) samochód (m)
wählen (polit.) wybierać
wahr prawdziwy
Wand ściana (w)
warm ciepły
warten czekać, zaczekać*
warum, weshalb dlaczego
waschen myć, umyć*
Wasser woda (w)
Watte wata (w)
wechseln zmieniać, zmienic*
wecken budzić, obudzić*
weg precz
Weg, Landstraße droga (w)
wegen z powodu
weggehen wyjść*
weil poniewaz
weinen płakac
weiß blaty
weit daleko
Welt świat (m)
wenig mało (Adv)
wenn (als/falls) kiedy
werden (etw.) zostać*
Westen zachod (m)
Wetter pogoda (w)
wichtig ważny
wie jak
wieder znowu
wiederholen powtarzac, powtorzyc*
wiedersehen ponownie zobaczyć*
Wind wiatr (m)
wir my
wirklich rzeczywiście
Wirtschaft gospodarka (w)
wissen wiedzieć
Witz dowcip (m)
Woche tydzień (m)
Wodka wódka (w)
wohnen mieszkać
Wohnung mieszkanie (s)
Wolke chmura (w)
wollen chcieć
Wort słowo (s)
Wörterbuch słownik (m)
Wunde rana (w)
Wunsch życzenie (s)
Wurst kiełbasa (w)
wütend (böse) zły
wütend (rasend) wściekły

Z

Zahl liczba (w)
zählen liczyć, policzyć*
zahlen płacić, zapłacić*
Zahnbürste szczoteczka do zębów (w)
Zahnpasta pasta do zębów
zeigen pokazywać, pokazać*
Zeit czas, namiot (m)
Zeitung gazeta (w)
Zentrum centrum (s)
zerstören niszczyć
ziehen (nicht drücken) ciągnąć
Ziel cel (m)
Zigarette papieros (m)
Zimmer pokój (m)
Zoll celnictwo (s)
zu (geschlossen) zamknięty
zu (nach) do (Gen), ku (Dat)
zu Fuß pieszo
zu viel za dużo
Zucker cukier (m)
Zudecke koldre (w)
zuerst najpierw
zufrieden sein zadowolony być
Zug pociąg (m)
zuhören słuchać
zuletzt na końcu
Zunge język (m)
zurückkommen wracać, wrócić*
zusammen razem
Zustand stan (m)
zweifeln wątpić
Zwiebel cebula (w)
zwingen zmuszać
zwischen pomiędzy

Wörterliste Polnisch – Deutsch

A

aby damit
adres (m) Adresse
albo oder
ale aber
ambasada (w) Botschaft (diplomat.)
aparat (m) Apparat
aparat fotograficzny (m) Fotoapparat
autobus (m) Bus
autostrada (w) Autobahn
awaria (w) Panne

B

błąd (m) Fehler
błędnie zrozumieć* missverstehen
bać się czegoś sich fürchten vor
babka (w) Großmutter
badać untersuchen
bagaż (m) Gepäck
balet (m) Ballet
banan (m) Banane
bank (m) Bank
banknot (m) Schein (Geld-)
bardzo sehr
basen (m) Schwimmbad
bateria (w) Batterie
benzyna (w) Benzin
bez ohne
bezpieczny sicher
bić schlagen (hauen)
biały weiß
bieda (w) Not
biedny arm
biegać laufen
biegunka (w) Durchfall
bielizna (w) Unterwäsche
bilet (m) Fahrkarte
bilet wstępu (m) Eintrittskarte
być munter sein
bilet lotniczy (m) Flugticket
biuro (s) Büro
biuro informacyjne (s) Auskunftsbüro
bliski (Adj) nah
bóg (m) Gott
bogaty reich
ból (m) Schmerz
brać nehmen
brać udział teilnehmen
brązowy braun
brakować fehlen (nicht da sein)
broda (w) Bart
broń (w) Waffe
brudny schmutzig
brzeg (m) Ufer
brzuch (m) Bauch
bułka (w) Brötchen
budować bauen
budynek (m) Gebäude
budzić wecken
burza (w) Sturm
butelka (w) Flasche
buty (m) Schuhe
być sein (Verb)
być dłużnym schulden (jem. Geld)
być syty satt sein
być wesołym froh sein
byćzły sauer (ärgerlich)
było es war

C / Ć

całować küssen
cały ganz
cebula (w) Zwiebel
cel (m) Ziel
celnictwo (s) Zoll
cena (w) Preis
cena biletu (w) Fahrpreis
chłód (m) Kälte
chłopiec (m) Junge
chcę möchte, ich
chcieć wollen, mögen
chętnie gern
chleb (m) Brot
chmura (w) Wolke
choroba (w) Krankheit
chory krank
chusteczka (w) Taschentuch
ciągnąć ziehen (nicht drücken)
ciastko (s) Kuchen; Keks
cicho leise
ciężarna schwanger
ciężki schwer
ciemny dunkel
cień Schatten
ciepły warm
cierpieć leiden
cierpliwość (w) Geduld
cieszyć się sich freuen

co was
codzienny täglich
coś (irgend)etwas
cudzoziemiec Ausländer
cudzoziemka Ausländerin
cukier (m) Zucker
cukiernia (w) Konditorei
ćwiczyć üben
człowiek (m) Mensch
czapka (w) Mütze
czarny schwarz
czas Zeit
czas wolny (m) Freizeit
czasem manchmal
część (w) Teil
często oft
czekać warten
czekolada (w) Schokolade
czereśnia (w) Kirsche
czerwony rot
czosnek (m) Knoblauch
czuć fühlen (etw.)
czuć się sich fühlen
czynsz (m) Miete
czyścić sauber machen
czysty sauber
czytać lesen

D

dać* geben
dach (m) Dach
daleko weit
darować schenken
data (w) Datum
dawać geben
delikatny fein
deser (m) Nachspeise
deska (w) Brett
deszcz (m) Regen
dla für
dlatego deshalb
długi lang (nicht kurz/zeitl.)
do (Gen) an, auf, hinein, bis, zu, nach (Richtung)
do tyłu rückwärts
dobry (Adj) gut
dobrze (Adv) gut
dogodny günstig
dokładnie genau
dolina (w) Tal
dom (m) Haus
dom towarowy (m) Kaufhaus
dopołudnie (s) Vormittag
dostać* bekommen (etw.)
dosyć genug
dowcip (m) Witz
dowód (m) Beweis
dowodzić beweisen
drabina (w) Leiter
drób (m) Geflügel
droga (w) Weg, Landstraße
drogi teuer
drzewo (s) Holz; Baum
drzwi (w Mz) Tür
dużo (Adv) viel
duży groß
dworzec (m) Bahnhof
dziecko (s) Kind
dzień (m) Tag
dziura (w) Loch
dziwny merkwürdig

E / F

elektryczny elektrisch
fałszywy falsch
fabryka (w) Fabrik
ferie (w Mz) Ferien
filiżanka (w) Tasse
film (m) Film
firma (w) Firma
formularz (m) Formular
fotografia (w) Foto
funkcjonować* funktionieren
futro (s) Fell

G

głaskać streicheln
głód (m) Hunger
głodny hungrig
głos (m) Stimme
głośny laut
głowa (w) Kopf
głupi dumm
gaz (m) Gas
gazeta (w) Zeitung
gdzie wo
gdzieś irgendwo
gęś (w) Gans
ginekolog (m) Frauenarzt
godzina (w) Uhrzeit, Stunde
golić się sich rasieren
gorący heiß
gorączka (w) Fieber
góry (w Mz) Berge, Gebirge
gorzki bitter, sauer (Geschmack)
gospoda (w) Gaststätte
gospodarka (w) Wirtschaft
gotować kochen (Essen)
gotować się kochen (z. B. Das Wasser kocht.)
gotówka (w) Bargeld

gotowy fertig
grać spielen
gram (m) Gramm
gramatyka (w) Grammatik
granica (w) Grenze
gruby dick, grob
grupa (w) Gruppe
gruszka (w) Birne
grypa (w) Grippe
grzebień (m) Kamm
guma (w) Gummi
gwiazda (w) Stern
gwóźdź (m) Nagel

H

hałas (m) Geräusch, Lärm
handel (m) Handel
herbata (w) Tee
historia (w) Geschichte (hist.)

I

i und
idea (w) Idee
ilość (w) Menge
im ... tym je ... desto
imię (s) Vorname
informacja (w) Auskunft
inny anderer, anders
inteligentny intelligent
interesujący interessant
iść gehen

J

Ja ich
jabłko (s) Apfel
jadłospis (m) Speisekarte
jajka (s Mz) Eier
jak wie
jakość (w) Qualität
jasny hell
język (m) Zunge, Sprache
jechać* fahren
jeden raz einmal
jedwab (w) Seide
jedzenie (s) Essen
jeść essen
jeść kolację Abendessen
jeść obiad (m) Mittagessen
jeść śniadanie frühstücken
jeśli falls
jest es gibt
jeszcze noch
jeszcze raz noch (ein)mal
jeździć fahren
jezioro (s) See
jutro morgen

K

kłamać lügen
kłócić się streiten
kąpać się baden
kakao, a Kakao
kamera (w) Kamera
kamień (m) Stein
kapelusz (m) Hut
kara (w) Strafe
karmić füttern
kartka (w) Blatt (Papier)
kartofle (m Mz) Kartoffeln
kasa (w) Kasse
kaseta (w) Kassette (Ton-)
katedra (w) Kathedrale
kawa (w) Kaffee
kawiarnia (w) Café
każdy jeder
każdym razem jedes Mal
kiełbasa (w) Wurst
kiedy als (zeitl.), wenn (zeitl.), wann, falls
kierunek (m) Richtung
kilka paar, einige
kilo (s) Kilo
kilometr (m) Kilometer
kino (s) Kino
kleić kleben
klucz (m) Schlüssel
kołdra (w) Zudecke
koło (s) Kreis
kobieta (w) Frau
kochać lieben; mögen
kogut (m) Hahn
kolacja (w) Abendbrot
kolano (s) Knie
kolega (m) Kollege
kolej (w) Eisenbahn
kolor (m) Farbe
koń (m) Pferd
kończyć beenden
koniec (m) Schluss, Ende
koniec (s) aus (vorbei)
konieczny notwendig
kościół (m) Kirche
kostki lodu (w Mz) Eiswürfel
kosztować kosten
koszula (w) Hemd (Ober-)
koszulka (w) Hemd (Unter-)
kot (m) Katze
kradzież (w) Diebstahl
kraj (m) Land (Staat)
kraść stehlen
kroić schneiden
król (m) König

królowa (w) Königin
krótko kurz
krowa (w) Kuh
krzyczeć schreien
krzyknąć* schreien
krzyż (m) Kreuz
ksiazka (w) Buch
księżyc (m) Mond
ktoś irgendwer
ktoś inny jemand anders
kuchnia (w) Küche
kultura (w) Kultur
kupić* kaufen
kupować kaufen
kura (w) Huhn
kurtka (w) Jacke
kwaśny sauer
kwiat (m) Blume

L

lądować landen (Flugzeug)
lampa Lampe
lata (m Mz) Jahre
latać fliegen
lecleć* fliegen
leczyć heilen, behandeln (Arzt)
legitymacja (w) Ausweis
lekarstwo (s) Medikament
lekki leicht (nicht schwer)
lepiej besser
lezeć liegen
liczba (w) Zahl
llczyć zählen, rechnen
linia (w) Linie
linijka (w) Lineal
liść(m) Blatt (botanisch)
list (m) Brief
litera (w) Buchstabe
litr (m) Liter
lód (m) Eis (gefr. Wasser)
lodówka (w) Kühlschrank
lody (m Mz) Eis(creme)
lotnisko (s) Flughafen
lubić lieben; mögen
ludzie (m Mz) Leute

Ł

ładny hübsch (Personen)
łapać fangen
łatwy einfach
łazienka (w) Badezimmer
łódź (w) Boot

M

młodość (w) Jugend
młody jung
młotek (m) Hammer
mało (Adv) wenig
mały klein
małżeństwo (s) Heirat
mąka (w) Mehl
mąż (m) Mann, (Ehe-)
mąż (m) Ehemann
makaron (m) Nudeln
malować malen
mapa (w) Straßenkarte, Landkarte
martwy tot
masło (s) Butter
masa (w) Masse
maszyna (w) Maschine
materiał (m) Material, Stoff
mężczyzna (m) Mann
meldować się anmelden
melodia (w) Melodie
metal (m) Metall
miłość (w) Liebe
miły nett
miasto (s) Stadt
mieć sollen
mieć miejsce stattfinden
mieć nadzieję hoffen
mieć rację Recht haben
mieć strach Angst haben
mięso (s) Fleisch
mieczkać wohnen
miejace (s) Ort, Stelle
miejsce Stelle (Ort)
miejscówka (w) Platzkarte
mierzyć messen
miesiąc (m) Monat
mieszkanie (s) Wohnung
milczeć schweigen
minuta (w) Minute
miód (m) Honig
mleko (s) Milch
mniemać meinen
mocny stark
moda (w) Mode
modny modern
mokry nass
moment (m) Moment
moneta (w) Münze (Geld-)
morderstwo (s) Mord
morze (s) Meer
most (m) Brücke
motocykl (m) Motorrad
motór (m) Motor
mówić sagen, sprechen
może vielleicht
możliwy möglich
mróz (m) Frost
mucha (w) Fliege

mur (m) Mauer
musieć müssen
musztarda (w) Senf
muzyka (w) Musik
myć waschen
mydło (s) Seife
mylić się sich irren
myśl (w) Gedanke, Idee
myśleć denken
mysz (w) Maus

N

na (Akk) an, (oben) auf
na dół hinunter
na dole unten
na dworze draußen
na górę hinauf
na końcu zuletzt
na lewo links
na pamięć auswendig
na prawo rechts
na zewnątrz außen
naciskać drücken (Taste)
nad darüber, oben
nadmienić* bemerken
nagły dringend
nagle plötzlich
najpierw zuerst
najwięcej meistens
należeć gehören (zu)
należny nötig
namiot (m) Zelt
napisać* schreiben
napiwek (m) Trinkgeld
naprawiać reparieren
naród (m) Nation, Volk
następny nächster
naturalny natürlich
nawet sogar
nazwisko (s) Familienname
nazywać nennen, heißen
nazywać się heißen
nić (w) Faden
nidła (w) Nadel
nie szkodzi macht nichts
nie udać się misslingen
niebezpieczeństwo (s) Gefahr
niebezpieczny gefährlich
niebieski blau
niebo (s) Himmel
niedojrzały unreif
niedrogi preiswert
niektóre einige
niemiecki deutsch
niemożliwy unmöglich (nicht möglich)
nienawidzieć hassen
niepewny unsicher
nieprzychylny ungünstig
nieprzyjaciel (m) Feind
nieść* tragen
niestety leider
nieszczęście (s) Unglück
nieznany unbekannt
niski niedrig (nicht hoch)
niszczyć zerstören
niż als (Vergleich)
noga (w) Bein
normalny normal
nos (m) Nase
nosić tragen
nowy neu (nicht alt)
nóż (m) Messer
nożyce (m Mz) Schere
nudny langweilig
numer (m) Nummer

O

o (Lok) über
ołówek (m) Stift
obcy fremd
obejrzeć ansehen
obiecać* versprechen
obiecywać versprechen
objazd (m) Umleitung
obok daneben
obok neben (daneben)
obowiązek (m) Pflicht
obracać drehen
obraz (m) Bild
obserwować beobachten
obszar (m) Gebiet
obudzić* wecken
obyczaj (m) Brauch, Sitte, Tradition
obywatelstwo (s) Staatsangehörigkeit
ocet (m) Essig
ochota (w) Lust
oczywiście natürlich, selbstverständlich
od aus, von, seit
oddech (m) Atem
odjechać* abfahren
odjeżdżać abfahren
odlatywać starten (Flugz.)
odległość (w) Entfernung
odpocząć sich erholen
odpocząć* sich ausruhen
odpoczywać Rast machen
odpowiadać antworten
odpowiadzać* antworten
odpowiedź (w) Antwort
odwiedzać besuchen
odwiedzić* besuchen

odwiedziny (m Mz) Besuch
ofiara (w) Opfer
ogień (m) Feuer
oglądać ansehen
ogólny allgemein
ogórek (m) Gurke (grüne Salat-)
ogród (m) Garten
okazja (w) Gelegenheit
okno (s) Fenster
około etwa, ungefähr
okolica (w) Gegend
okrągły rund
okropny furchtbar
okulary (w Mz) Brille
okulista (m) Augenarzt
olej (m) Öl
olej (m) Öl (Erd-)
olerować anbieten
oliwa (w) (Speise-)Öl
oliwka (w) Olive
opłata (w) Gebühr
opera (w) Oper
operacja (w) Operation
opieka (w) Pflege
opowiadanie (s) Geschichte
opuścić* ver-/loslassen
opuszczać verlassen
organizować organisieren
osoba (w) Person
osobliwy merkwürdig
ostatni letzter
ostrożny vorsichtig
ostry scharf (Gewürz/Klinge)
otwarty geöffnet
owca (w) Schaf
owoc (m) Frucht
owoce (m Mz) Obst

P

pałac (m) Palast
pacient (m) Patient
padać regnen
padać* hinfallen
pakować packen
palić rauchen, brennen
pamiątka (w) Souvenir
państwo (s) Staat
papier (m) Papier
papieros (m) Zigarette
papryka (w) Paprika
para (w) Paar
parasol (m) Regenschirm
park (m) Park
parking (m) Parkplatz
parkować parken
partia (w) Partei
pasować passen (Kleidung)
pasta do zębów Zahnpasta
paszport (m) Pass
pełny voll (Adj)
peron (m) Bahnsteig
pewny sicher
pić trinken
piłka (w) Ball
piłka nożna (w) Fußball
piasek (m) Sand
piękny schön
piętro (s) Etage
piec (m) Ofen
pieczywo (s) Gebäck
piekarnia (w) Bäckerei
pieniądze (m Mz) Geld
pieprz (m) Pfeffer
pierścionek (m) Ring
pierwszeństwo przejazdu (s) Vorfahrt
pies (m) Hund
pieszo zu Fuß
pijany betrunken
piosenka (w) Lied
pisać schreiben
pisak (m) (Filz-)Stift
piwo (s) Bier
plac (m) Platz (Stadt)
plan (m) Plan (Projekt)
plan miasta (m) Stadtplan
plaża (w) Strand
plecak (m) Rucksack
płaca (w) Gehalt
płacić zahlen, bezahlen
płakać weinen
płaszcz (m) Mantel
płynąć* schwimmen
płynny flüssig
płyta (w) Schallplatte
pływać schwimmen
pływalnia (w) Schwimmbad
po nach, danach (zeitl.)
po niemiecku auf Deutsch
po południu nachmittags
pół halb
północ (w) Norden
położyć* legen, stellen
południe (s) Süden, Mittag
pocałunek (m) Kuss
pocić się schwitzen
pociąg (m) Zug
poczatek (m) Beginn
poczta (w) Post
poczta lotnicza (w) Luftpost
pocztówka (w) Karte (Post-)
pod darunter, unter
podarować* schenken
podnieść* aufheben (vom Boden)

podnosić heben (z. B. die Hand), aufheben
podobać się gefallen
podpis (m) Unterschrift
podpisać unterschreiben
podpisad* unterschreiben
podróż (w) Reise
podróżować reisen
podziękować* sich bedanken
pogłaskać* streicheln
pogoda (w) Wetter
pójść* gehen, hinkommen
pojutrze (s) übermorgen
pokazać* zeigen
pokazywać zeigen
pokój (m) Friede, Zimmer
pole (s) Feld (Acker)
policja (w) Polizei
policjant (m) Polizist
policzyć* zählen
polityka (w) Politik
polować jagen
polowanie (s) Jagd
pomagać helfen
pomarańcza (w) Apfelsine
pomidor (m) Tomate
pomiędzy zwischen
pomnik (m) Denkmal
pomoc (w) Hilfe
pomóc* helfen
pomyłka (w) Irrtum
pomyśleć* denken
ponieważ weil
poniżej unten
ponownie zobaczyć* wiedersehen
poprzeć* unterstützen
poprzez durch (mittels)
pora roku (w) Jahreszeit
poród (m) Geburt
porównać* vergleichen
porównywać vergleichen
port (m) Hafen
porządek (m) Ordnung
pościel (w) Bettzeug
pośpieszny eilig
posiadłość (w) Eigentum
posiadać haben (besitzen)
posiadacz (m) Besitzer
postój taksówek (m) Taxistand
potem danach, dann
potrawa (w) Gericht (Speise)
potrzeba braucht, man
potrzebować gebrauchen
powiedzieć* sagen, reden
powieść (w) Roman
powietrze (s) Luft
powoll langsam
powtarzać wiederholen
powtórzyć* wiederholen
pożar (m) Brand
pożegnać się * sich verabschieden (von)
pożegnanie Abschied
pożyczać sich (aus-)leihen
pożyteczny nützlich
później später
późno spät
pozdrawiać grüßen
pozdrowienie (s) Gruß
poznać*się sich bekannt machen
poznawać kennen lernen
pozostały übrig
pozwalać erlauben
pozwolić* erlauben
prąd (m) Strom (elektr.)
praca (w) Arbeit
pracować arbeiten
pracownik (m) Angestellter
pragnienie (s) Durst
prawdziwy wahr
prawidłowo richtig
prawie fast (beinahe)
prawo (s) Recht, Gesetz
prawo jazdy (s) Führerschein
precz weg
prezent (m) Geschenk
prezydent (m) Präsident
problem (m) Problem
próbować probieren, versuchen (etw.)
produkować herstellen
program (m) Programm
prośba (w) Bitte
prosto geradeaus
prosty gerade (nicht krumm)
proszę bitte
prowadzić führen (geleiten)
prysznic (m) Dusche
prywatny privat
przeciwieństwo (s) Gegenteil
przeciwko gegen
przeczytać* lesen
przed bevor, vor (örtl./zeitl.)
przedwczoraj vorgestern
przegapić* verpassen (Zug)
przegrać* verlieren (nicht gewinnen)
przekąska (w) Vorspeise
przemysł (m) Industrie
przepraszam vezeihen Sie

przeprosić* sich entschuldigen
przerwa (w) Pause
przesiąść się* umsteigen
przesiadać się umsteigen
przestępstwo (s) Verbrechen
przeszkadzać stören
przetłumaczyć* übersetzen (Sprache)
przez durch, hindurch
przeziębić się* sich erkälten
przeziębienie (s) Erkältung
przyczyna (w) Ursache, Grund (Begründung)
przygotować* vorbereiten
przygotowywać vorbereiten
przyjaciel (m) Freund
przyjaciółka (w) Freundin
przyjechać* ankommen
przyjemny angenehm
przyjeżdżać ankommen
przyjmować empfangen
przyjść* kommen
przykład (m) Beispiel
przynajmniej mindestens
przynieść* holen, mitbringen
przynocić bringen
przypominać sobie sich erinnern
przypuszczać vermuten
przyroda (w) Natur
przystanek (m) Haltestelle
przyzwyczaić się* sich gewöhnen (an)
ptak (m) Vogel
pukać klopfen
punktualny pünktlich
pusty leer
pyszny lecker
pytać fragen
pytanie (s) Frage

R

rachunek (m) Rechnung, Quittung
radio (s) Radio(gerät)
radzić Rat geben
rana (w) Wunde
rano morgens
ratować retten
raz einmal, mal
razem zusammen
ręcznik (m) Handtuch
ręka (w) Hand
recepcja (w) Rezeption
reguła (w) Regel (Gegenteil von Ausnahme)
religia (w) Religion
reperacja (w) Reparatur
republika (w) Republik
restauracja (w) Restaurant
robić tun, machen
robić zdjęcią fotografować fotografieren
robotnik (m) Arbeiter
rodzice (m Mz) Eltern
rodzina (w) Familie
rok (m) Jahr
rola (w) Land (nicht Stadt)
rolnictwo (s) Landwirtschaft
rolnik (m) Bauer
roślina (w) Pflanze
róża (w) Rose
rozebrać się* sich ausziehen
rozmawiać reden, sich unterhalten
rozmiar (m) Größe (Kleidung)
rozmowa (w) Gespräch
rozumieć verstehen
ruch (m) **(uliczny)** (Straßen-)Verkehr
ryba (w) Fisch
ryż (m) Reis
rząd (m) Regierung
rzecz (w) Sache, Ding, Gegenstand
rzeczywiście wirklich
rzeka (w) Fluss
rzemieślnictwo (s) Handwerk

S

są es - gibt
sąd (m) Gericht (Justiz)
sądzić meinen
sałata (w) Salat
sam allein, selber, selbst
samochód (m) Auto, Wagen
samolot (m) Flugzeug
schadzka (w) Verabredung
schody (m Mz) Treppe
sekunda (w) Sekunde
ser (m) Käse
siadać setzen
siedzieć sitzen
silny stark
skąd woher
skarga (w) Beschwerde

skarżyć się sich beschweren
sklep (m) Geschäft (Laden)
skomplikowany kompliziert
skończone vorbei
skończyć* aufhören (etw. zu tun)
skóra (w) Leder, Haut
skręcać abbiegen
skrzynia (w) Kasten
skwar (m) Hitze
słaby schwach
sławny berühmt
słodki süß
słońce (s) Sonne
słownik (m) Wörterbuch
słowo (s) Wort
słuchać zuhören, gehorchen
słynny berühmt
smaczny lecker, schmackhaft
smak (m) Geschmack (z. B. einer Speise)
smakować schmecken (gut/schlecht)
smutny traurig
sok (m) Saft
sól (w) Salz
spać schlafen
spacerować spazieren gehen
spadać fallen
spalić* verbrennen
spódnica (w) Rock
spodnie (w Mz) Hose
spokój (m) Ruhe
spokojny ruhig
sport (m) Sport
sposób (m) Art (Weise)
spotkać* treffen (jem.)
spotykać begegnen, sich treffen mit
spóźnić się* sich verspäten
spóźnienie (s) Verspätung
spragniony durstig
sprawa (w) Sache
sprawiedliwy gerecht
spróbować* probieren
sprzęt (m) Gerät
sprzedać* verkaufen
sprzedawać verkaufen
srebro (s) Silber
stać stehen
stąd daher
stacja benzynowa (w) Tankstelle
stal (w) Eisen
stan (m) Zustand
stary alt (Dinge/Personen)
statek (m) Schiff
stolica (w) Hauptstadt
stopa (w) Fuß
stopień (m) Grad (Temperatur)
strach (m) Angst
strachliwy ängstlich
strona (w) Seite
strzelać schießen
student (m) Student
studia (s Mz) Studium
studiować studieren
stworzyć* es schaffen
suchy trocken
sukienka (w) Kleid
sweter (m) Pullover
system (m) System
szafa (w) Schrank
szampan (m) Champagner, Sekt
szczęście Glück
szczęśliwy glücklich
szczególnie besonders
szczoteczka do zębów (w) Zahnbürste
szczotka (w) Bürste
szczypić impfen (gegen)
szef (m) Chef
szelest (m) Geräusch
szkło (s) Glas (Material)
szklanka (w) Glas (Trink-)
szkoła (w) Schule
szkoda (w) Schaden
szkoda! Schade!
szkodzić schaden (Gegenteil von nützen)
szpital (m) Krankenhaus
sztuka (w) Stück, Kunst
szukać suchen
szyć nähen
szybko schnell (Adv)
szybkość (w) Geschwindigkeit

Ś

ściana (w) Wand, Mauer
śmiać się lachen
śniadanie (s) Frühstück
śnieg (m) Schnee
śpiwór (m) Schlafsack
środek (m) Mitte
środowisko (s) Umwelt
światło (s) Licht
święto (s) Feier
świętować feiern
święty heilig

świeży frisch
świnia (w) Schwein
świat (m) Welt

T

ta (w) die, diese
tabaka (w) Tabak
tabletka (w) Tablette
tajny geheim
tak ja, so
tak dużo so viel
taksówka (w) Taxi
także auch
talerz (m) Teller
tam da, dort, dahin, dorthin
tampon (w) Tampon
tańczyć tanzen
tani billig
taniec (m) Tanz
tankowac tanken
targ (m) Markt
techniczny technisch
telefon (m) Telefon
telefonować telefonieren
telewisor (m) Fernseher
temperatura (w) Temperatur
ten (m) der, dieser
ton sam gleich (identisch)
teraz jetzt
termin (m) Termin
tłumacz (m) Übersetzer
to das, es
to samo dasselbe
to znaczy das heißt
toaleta (w) Toilette
torba (w) Tasche
torba (w) Tüte
towarzystwo (s) Gesellschaft
towarzyszyć komuś begleiten (jem.)
tramwaj (m) Straßenbahn
trawa (w) Gras
treść (w) Inhalt
trochę ein wenig, bisschen
trucizna (w) Gift
trudny schwer
trudzić się sich bemühen
trwać dauern (Zeit)
trzymać* festhalten
trzymać anhalten
turysta (m) Tourist
tutaj hier
twarz (w) Gesicht
tydzień (m) Woche
tylko nur

U

u (Gen) bei
ubezpieczenie (s) Versicherung
ubierać się sich anziehen
ubranie (s) Kleidung
uczucie (s) Gefühl
uczyć lernen, unterrichten
udać się gelingen (gut)
ufać komuś vertrauen (jem.)
ulica (w) Straße
umarły gestorben
umieć können (wissen)
umierać sterben
umówić się * sich verabreden
umyć* waschen
uniwersytet (m) Universität
uprzejmy freundlich
urodziny (Mz) Geburtstag
urząd (m) Behörde, Amt
urząd paszportowy (m) Passbehörde
urzędnik (m) Angestellter, Beamter
usiąść* setzen, sich setzen
usłyszeć* hören
utrzymywać behaupten
uwaga (w) Achtung! (Aufgepasst!)
uważać achten auf (etw.)
uznawać anerkennen

W

w nocy nachts
w południe mittags
w poprzek quer
w środku innen
wąski eng
wątpić zweifeln
waga (w) Gewicht
wakacje (w Mz) Ferien
walczyć kämpfen
walizka (w) Koffer
warga (w) Lippe
warsztat samochodowy (m) Autowerkstatt
warunek (m) Bedingung
warzywo (s) Gemüse
wata (w) Watte
ważny wichtig
wcale nie gar nicht
wcześniej früher
wczoraj gestern
węgiel (m) Kohle

wejść hereinkommen
wejście (s) Eingang
wesoły munter, fröhlich
wewnątrz drinnen
wiadomość Nachricht
wiara (w) Glaube
wiatr (m) Wind
widelec (m) Gabel
widzieć sehen
więcej mehr
więzienie (s) Gefängnis
wieczorem abends
wiedzieć wissen
wiek (m) Alter (Lebens-)
wierzyć glauben (an Gott)
wieś (w) Dorf
wieszać hängen (auf-, z. B. Wäsche)
wieża (w) Turm
wina (w) Schuld
wino (s) Wein
witać begrüßen
wjazd (m) Einfahrt
wkładka (w) Slipeinlage
wkrótce bald
właśnie gerade (eben)
włosy (w Mz) Haare
wnuczka (w) Enkelin
wnuk (m) Enkel
woda (w) Wasser
woda do picia (w) Trinkwasser
woda pitna (w) Trinkwasser
wódka (w) Wodka
wogóle jemals
wojna (w) Krieg
wolność Freiheit
wolny frei; ledig
wołać rufen
wracać zurückkommen
wrócić* zurückkommen
wschód (m) Osten
wschodni östlich, Ost
wsiąść * einsteigen
wsiadać einsteigen
wspaniały! prima!
wspinać się klettern
wspomnienie (s) Erinnerung
wstąpić* eintreten
wszędzie überall
wszystko alles
wszystko jedno egal
wściekły wütend
wybierać wählen (polit.)
wybór przedwstępny (m) Vorwahl
wydarzyć się* geschehen, passieren
wydawać ausgeben (Geld)
wygrać gewinnen
wyjaśniać erklären
wyjaśnić* erklären
wyjazd (m) Ausfahrt
wyjść* weggehen
wyjście (s) Ausgang
wykąpać się* baden
wykształcony gebildet
wymeldować się* abmelden
wymeldowywać się abmelden
wymieniać tauschen
wymienić* tauschen, umtauschen
wymowa (w) Aussprache
wynajmować mieten, vermieten
wynajmowywać mieten
wypadek (m) Unfall
wypełnić* ausfüllen
wypełniać füllen, ausfüllen
wypić* trinken
wyprowadzić się* ausziehen (aus Wohnung)
wyprzedany ausverkauft
wyrażać się sich ausdrücken
wyrazić się* sich ausdrücken
wysiadać aussteigen
wysiąść* aussteigen
wysłać* schicken (senden)
wysoki hoch
wyspa (w) Insel
wystarczyć* genügen
wystraszyć się* erschrecken (selber)
wysyłać schicken (senden)
wywoływać entwickeln (Film)
wzdłuż entlang
wziąć* nehmen

Z

z, ze (Gen) von, aus
z (Instr) mit
z powodu wegen
za dahinter, hinter
za dużo zu viel
za późno spät, zu
ząb (m) Zahn
zabawą gra (w) Spiel
zabijać töten
zabroniony verboten
zachód (m) Westen

zachodni westlich, West
zacząć beginnen
zaczekać* warten
zaczynać beginnen, anfangen
zadanie (s) Aufgabe
zadowolonym być zufrieden sein
zagrać* spielen
zajęty besetzt
zajmować się sich interessieren für
zajmować się czymś sich beschäftigen (mit etw.)
zakład (m) Betrieb
zakończyć* beenden
zaleta (w) Vorteil
załatwić* regeln
zależeć od anhängen von
zamawiać bestellen
zamężny verheiratet
zamek (m) Schloss, Burg
zameldować się* anmelden
zamiar (m) Absicht
zamknąć* schließen
zamknięty geschlossen
zamówić* bestellen
zamykać (ab)schließen (z. B. Tür)
zaoferować* anbieten
zapałki (w Mz) Streichhölzer
zapach (m) Geruch
zapamiętać* sich merken
zapłacić* zahlen
zapobieganie (s) Verhütung (Schwangerschaft)
zapomnieć* vergessen
zaprosić* einladen (jem.)
zaproszenie (s) Einladung
zaraz gleich (sofort)
zastrzyk (m) Spritze
zaśmiać się* lachen
zaśpiewać singen
zatańczyć* tanzen
zatankować do pełna volltanken
zatankować* tanken
zatrzymać* anhalten, behalten
zatrzymywać anhalten
zaufać komuś* vertrauen
zauważyć* merken (be-)
zawód (m) Beruf
zawsze immer
zbierać sammeln
zboże (s) Getreide
zdrowie (s) Gesundheit
zdrowy gesund
zegarek (m) Uhr (Gerät)
zgadzać się na coś einverstanden sein
zgasić (światło)* ausmachen (Licht)
zgubić* verlieren (Dinge)
zgubiony verloren
zielony grün
ziemia Erde
ziemniak (m) Kartoffel
ziemniaki (m Mz) Kartoffeln
zimno (Adv) kühl
zimny kalt
zjeść* essen
złodzicj (m) Dieb
złoto (s) Gold
zły (Adj) schlecht, wütend
zmęczonym, być müde sein
zmienić* wechseln
zmieniać wechseln, ändern (etw.)
zmieniać się sich ändern
zmuszać zwingen
znać kennen
znaczek (m) Briefmarke
znaczy bedeutet
znaczyć bedeuten
znajdować finden
znajduje się befindet sich
znaleść* finden
znany bekannt
znowu wieder
zostać* bleiben, werden (etw.)
zostaw to! Lass das!
zostawać! bleiben
zostawiać lassen
zostawić* lassen
zraniony verletzt
zrobić* machen
zrobić (światło)* anmachen (Licht)
zużywać benutzen
zwiedzać besichtigen

Ż / Ź

żaden keiner
że dass
żenić się heiraten
żółty gelb
żona (w) Frau, Ehefrau
życzenie (s) Wunsch
żyd (m) Jude
żywność (w) Lebensmittel
źle (Adv) schlecht
źródło Quelle

Der Autor

Bob Ordish, geboren 1954 in London, hat insgesamt acht Jahre in Deutschland gelebt. Seit 1990 wohnt er in Holland. Er studierte Germanistik und Französisch in England. Über Polnisch, das er aus Interesse lernte, sagt er: „Von der polnischen Sprache bin ich so begeistert, weil sie so schön und klangvoll ist, weil die Menschen in Polen so spontan und gastfreundlich sind und weil das Land mit seiner schwierigen Geschichte so faszinierend ist. Kurzum, weil ich sehr viel Wertvolles für mich persönlich mit dieser Sprache verbinde. Da mein Polnisch keineswegs perfekt ist, hat mir Anka beim Schreiben geholfen."

Anka Byjoś wurde 1958 in Biała Podlaska geboren und studierte Gartenbau in Lublin. „Seit 1984 wohne ich in der Bundesrepublik. Die Mitarbeit an diesem Buch hat mir zum ersten Mal bewusst gemacht, wie kompliziert meine eigene Muttersprache ist."